Deus & Você
de A-Z

EDUARDO REIS

Deus & Você de A-Z

Princípios e reflexões essenciais para uma vida espiritual vitoriosa

maquinaria
EDITORIAL

© 2020 por Pastor Eduardo Reis
Todos os direitos desta publicação são reservados por Maquinaria Editorial.

É vedada a reprodução total ou parcial desta obra sem a prévia autorização, salvo como referência de pesquisa ou citação acompanhada da respectiva indicação. A violação dos direitos autorais é crime estabelecido na Lei n. 9.610/98 e punido pelo artigo 184 do Código Penal.

Publisher
Guther Faggion

Editor
Aldo Menezes

Capa
Matheus Costa

Projeto Gráfico
Leandro Rodrigues

Revisão
Ana Maria Mendes
Vera Amatti

1ª Edição – Março de 2020

REIS, Eduardo
    Deus & Você de A-Z
    Eduardo Reis, - 1 ed. - São Paulo - Maquinaria Editorial,
2020. 160p. 13,5m.

    ISBN: 978-85-94484-03-1
1. Bíblia | 2. Cristianismo
ÍNDICE PARA CATÁLOGO SISTEMÁTICO:
1. Bíblia

CDD: 200
CDU: 24

Primeiro e acima de tudo, dedico este livro ao meu Senhor e Deus. À minha esposa, Pricila Reis, e ao meu filho, Lorenzo Eduardo, que inspiram em mim o anseio de ser um marido dedicado e um pai sempre presente. E aos meus queridos irmãos e alunos, com quem diariamente aprendo a servir ao nosso Senhor Jesus Cristo.

SUMÁRIO

13 Introdução	15 A Adoração	23 B Bíblia
29 C Comunhão	37 D Dízimo	43 E Esperança
51 F Fruto	57 G Gratidão	63 H Humildade
69 I Iniciativa	75 J Jejum	81 L Liberdade

87 **M** Milagre	93 **N** Novidade de Vida	99 **O** Oração
103 **P** Poder	109 **Q** Querer	117 **R** Razão
123 **S** Santidade	129 **T** Testemunho	135 **U** Unção
143 **V** Verdade	149 **X** Xibolete	155 **Z** Zelo

PREFÁCIO

NAS ÚLTIMAS DÉCADAS, meu estimado amigo e irmão Eduardo Reis tem dedicado sua vida a viajar pelo Brasil e pelo mundo desenvolvendo um precioso trabalho de ensino que tem abençoado a vida de milhares de pessoas. *Deus e você de A-Z* é um exercício prático e proveitoso que demonstra aos leitores que o Criador se revela em todas as coisas, em todos os atos e em todos os tempos. Deus é o verdadeiro Autor da vida, e por suas linhas lidamos diariamente com nossa própria humanidade.

Nunca antes foi tão necessário um retorno aos temas centrais da Palavra de Deus como em nossos dias. A pós-modernidade, aliada às tendências contemporâneas, tem formado uma sociedade vazia e relativista que tem diluído fundamentos e abandonado princípios. A verdade passou a ser relativa. Cada um tem a sua "verdade" e o lema comum é que cada um seja "feliz do seu jeito", sem se importar com o que Deus, de fato, pensa acerca disso.

O fruto desse distanciamento ético-moral que vivemos é a formação de pessoas que, embora tendo tudo, se veem sem nada, pois abandonaram a única fonte que de fato dá sentido à vida. Por isso, penso que esse livro chega em um momento tão propício, reconectando-nos às bases que devem reger a nossa vida, os nossos relacionamentos e a nossa fé. Em especial, nesta obra, Eduardo Reis comenta de forma didática – como lhe é muito peculiar – uma série de temas e assuntos ligados à prática da verdadeira vida em Cristo e, com isso, muito nos ajuda a entender o sentido e a importância desses assuntos.

Desejo de todo o meu coração a vocês, leitores, que o conteúdo desse breve manual se transforme em uma fonte fresca para uma vida espiritual saudável. Recomendo este livro com todo o entusiasmo!

MATHEUS SOARES
Pastor, escritor e mestre em Teologia pelo Bethel Bible College, em Deerfield (EUA). É autor da *Enciclopédia da vida dos personagens bíblicos*.

POR QUE LER ESTE LIVRO

Confesso que fiquei admirado com a clareza do pastor Eduardo Reis ao desenvolver esse texto rico, considerando, segundo ele, os vinte e três princípios mais importantes que norteiam a nossa vida cristã. Trata-se de uma obra clara, objetiva, didática e fundamentada na Palavra de Deus.

BISPO ABNER FERREIRA
Presidente da CONEMAD/RJ. Presidente da Catedral Histórica das Assembleias de Deus do Ministério de Madureira

Antes de todo avivamento, vemos um despertar do ensino da Palavra de Deus, em que homens, através do Espírito Santo, transformam textos complexos em simples, não somente levando conhecimento, mas imprimindo a revelação nos corações. O pastor Eduardo Reis é um desses homens que tem levado muitos a um despertar espiritual por meio da unção que repousa sobre sua vida. Este livro é uma ferramenta para o novo ciclo que a igreja está vivendo.

RODRIGO ALDEIA
Pastor, escritor e líder do ministério de
intercessão da igreja Bola de Neve

Ao longo de nossa jornada, nos defrontamos com inúmeras pessoas que Deus coloca em nossas vidas. Tive o privilégio de conhecer nessa estrada da vida um ser humano dotado de um talento ímpar, um dom dado por Deus que ainda não vi em ninguém. Considero-o um dos melhores teólogos dessa nossa geração. Profeta e mestre. Um homem leal a seus ensinos, à família e aos amigos. O pastor Eduardo Reis me encanta, acrescenta e ensina muito à minha vida. Sei que este livro será de grande valia e crescimento para você, caro leitor. Prepare-se para uma viagem pela Bíblia com esse incrível homem de Deus. Tenho orgulho de ser seu companheiro no serviço do Reino.

ARÃO HENRIQUE XAVIER
Autor best-seller, psicanalista, especialista financeiro,
palestrante, empresário, teólogo e pastor

Com regozijo endosso o livro do meu amigo pastor Eduardo Reis. De forma simplificada, como é o seu estilo literário, trata-se de um livro prático e original, de linguagem intergeneracional (o avô lê e depois empresta para o neto). Este livro é uma compilação de pensamentos de uma mente inteligente e objetiva. Um livro "delicioso", que pode ser lido como "um glossário do pensamento bíblico".

DRA. VERBENIA SOUSA
PhD em Psicologia Clínica (Orlando, EUA)

Eduardo Reis é um mestre da Palavra. Minha admiração e respeito por ele vão muito além de seus conhecimentos teológicos. Vi no Eduardo, no momento em que o conheci, uma humildade comum a todos que se encontram genuinamente com Cristo, ao ponto de reconhecer que toda ciência é insuficiente diante da vida que venceu a morte, diante do poder da ressurreição. Neste livro, você encontrará, muito mais que preciosos fundamentos, uma vida que pode ser compartilhada em cada texto.

CRISTIANO MIRANDA
Engenheiro civil, teólogo e vice-presidente do
MinistérioSonho de Deus

INTRODUÇÃO

PALAVRAS SÃO FERRAMENTAS PODEROSAS. Quando bem utilizadas, elas podem produzir bênçãos em nossa vida. Em *Deus e você de A a Z*, escolhi algumas palavras que são importantes para a nossa vida cristã; palavras que, ao serem proferidas, devem levar nossa mente e nosso coração a um estado de ação e vigilância na fé. Queremos refletir sobre essas palavras à luz das Escrituras e ver o que podemos aprender delas para que tenhamos uma vida vitoriosa com Deus.

Vivemos dias difíceis e de muitas lutas espirituais. A cada dia que se aproxima a volta do Senhor, a guerra contra o mundo, a carne e o diabo se intensifica. Não é tempo de cochilar e relaxar. É tempo de permanecermos alerta, e toda ajuda baseada nas Escrituras nesse sentido é bem-vinda.

Cada palavra aqui escolhida do nosso alfabeto — com exceção das letras k, w e y — nos remeterá a certos conceitos que são importantes para nossa vida cristã. Embora a vida com Cristo tenha seus altos e baixos, queremos fortalecê-la de tal modo que os momentos altos sejam mais comuns que os baixos. E isso é possível, sim. Este livro oferece meditações importantes para que vivamos essa realidade em nossa vida cristã.

É possível viver uma vida vitoriosa, mesmo em meio a tantos desafios que nos cercam. Salmos 23.5 assegura-nos isso: "Prepara uma mesa perante mim na presença dos meus inimigos". Mesmo que estejamos cercados de inimigos, Deus nos prepara uma mesa farta de banquetes espirituais a fim de que possamos nos alimentar bem, em paz e segurança, fortalecendo-nos para a batalha e a consequente vitória. Para isso, é importante que não concentremos nossa atenção nos adversários, mas no banquete que o Senhor nos preparou. O foco deve ser direcionado para aquilo que nos manterá de pé.

Deleite-se com este banquete de A a Z. Sorva cada parágrafo e nutra-se com o bom alimento espiritual da parte de Deus. Ponha em prática os princípios aqui apresentados. Leia este livro em espírito de oração. Que Deus o use para fortalecer sua jornada nesta terra até que cheguemos à nossa derradeira pátria, a Jerusalém celestial, onde nos encontraremos com o Princípio e o Fim, o Primeiro e o Último, o Alfa e o Ômega, o A e o Z.

ADORAÇÃO

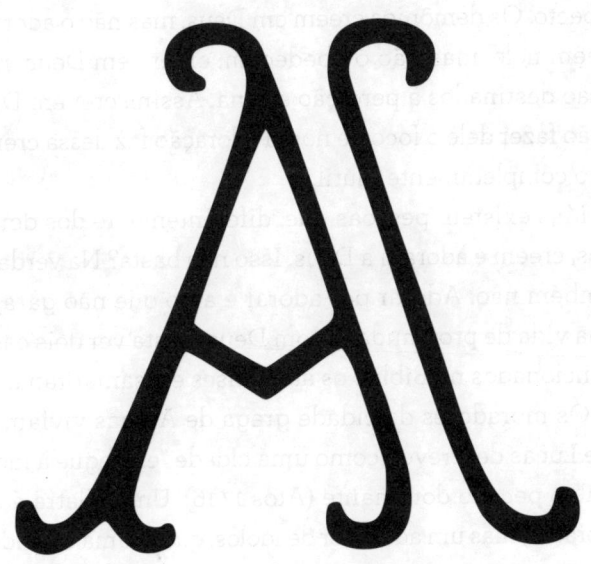

A verdadeira adoração acontece quando seu espírito responde a Deus, e não a alguma melodia musical.

RICK WARREN

UMA VIDA CRISTÃ VITORIOSA passa necessariamente pela adoração. Por quê? É muito simples: não basta ter fé em Deus ou saber de sua existência. A Bíblia diz que até "os demônios o creem", mas "estremecem" (Tiago 2.19). O que não falta no mundo são pessoas que afirmam crer em Deus, e entre elas e os demônios não há muita diferença nesse aspecto. Os demônios creem em Deus, mas não o adoram; creem nele, mas não o obedecem; creem em Deus, mas estão destinados à perdição eterna. Assim, crer em Deus e não fazer dele o foco de nossa adoração faz dessa crença algo completamente inútil.

Mas existem pessoas que, diferentemente dos demônios, creem e adoram a Deus. Isso não basta? Na verdade, também não. Adorar por adorar é algo que não garante uma vida de proximidade com Deus. Basta ver dois casos mencionados na Bíblia: os atenienses e a samaritana.

Os moradores da cidade grega de Atenas viviam no que Lucas descreveu como uma cidade "entregue à idolatria", o pecado dominante (Atos 17.16). Um idólatra é um adorador, mas um adorador de ídolos, que chama esse ídolo de "Deus". Trata-se, portanto, de uma adoração falsa. Eles adoravam tantos deuses que tinham medo de deixar de reverenciar algum e incorrer na ira implacável da divindade esquecida. Para solucionar o problema, criaram uma imagem dedicada "Ao Deus Desconhecido". O apóstolo, então, diz a eles: "Esse, pois, que vós honrais, não o conhecendo, é o que eu vos anuncio" (Atos 17.23).

A samaritana é um caso análogo. Os samaritanos adoravam a Deus num lugar específico: o monte Gerizim, usavam o Pentateuco (os cinco primeiros livros de Moisés: Gênesis, Êxodo, Levítico, Números e Deuteronômio), e até mesmo aguardavam a vinda do Messias. Nesses aspectos, eles eram diferentes dos atenienses. Pareciam adoradores mais conscientes e verdadeiros. No entanto, Jesus olhou bem nos olhos da samaritana e disse de forma firme e contundente:

"Vós adorais o que não sabeis".
(JOÃO 4.22)

Os dois grupos adoravam o que não conheciam. A falta de conhecimento não é um impeditivo para se adorar. As pessoas adoram porque adorar é uma necessidade do espírito humano. No entanto, o pecado desfoca o objeto de nossa adoração, e as pessoas passam a adorar o que não deveriam, incorrendo em idolatria.

Outro erro é adorar a Deus por puro interesse, como fez Caim. Ele e Abel ofereceram sacrifícios a Deus, o que era um sinal externo de adoração; no entanto, o coração de Caim era do Maligno e estava cheio de coisas ruins (Gênesis 4.3-7; 1João 3.12). Adoração fingida também é idolatria.

Tanto Jesus como Paulo direcionaram a conversa a fim de corrigir o erro de seus interlocutores. Eles sabiam que se aquelas pessoas continuassem naquela adoração vazia o fim seria trágico.

O relacionamento entre nós e Deus precisa ser baseado na verdadeira adoração. Jesus disse à samaritana:

"Mas a hora vem, e agora é, em que os verdadeiros adoradores adorarão o Pai em espírito e em verdade; porque o Pai procura a tais que assim o adorem. Deus é Espírito, e importa que os que o adoram o adorem em espírito e em verdade".

(JOÃO 4.23,24)

O verdadeiro adorador não deve focar sua atenção nas cerimônias religiosas, mas numa vida que agrade ao Senhor, como antecipou o profeta Miqueias: "Com que me apresentarei ao SENHOR, e me inclinarei diante do Deus altíssimo? Apresentar-me-ei diante dele com holocaustos, com bezerros de um ano? Agradar-se-á o SENHOR de milhares de carneiros, ou de dez mil ribeiros de azeite? Darei o meu primogênito pela minha transgressão, o fruto do meu ventre pelo pecado da minha alma? Ele te declarou, ó homem, o que é bom; e que é o que o Senhor pede de ti, senão que pratiques a justiça, e ames a benignidade, e andes humildemente com o teu Deus?" (Miqueias 6.6-8).

Se a adoração não for da forma como o próprio Deus estabeleceu, trata-se de uma adoração vã e falsa. Assim, o cristão que deseja ter uma vida vitoriosa deve adorar a

Deus em espírito (não pela visão) e em verdade (ou seja, de acordo com a vontade de Deus). Ele deve abandonar todo e qualquer ídolo e adorar exclusivamente ao Senhor Deus. E deve adorar a Deus pelo simples fato de que ele é Deus, não porque tem poder para lhe dar tudo o que deseja, como se Deus fosse um gênio da lâmpada de Aladdin.

Talvez você esteja dizendo a si mesmo: "Mas eu não adoro imagens. Eu não sou idólatra". No entanto, a idolatria não se restringe somente a ídolos de pedra ou madeira. Veja o que Paulo diz de algumas pessoas:

"Porque muitos há, dos quais muitas vezes vos disse [...] que são inimigos da cruz de Cristo, cujo fim é a perdição; cujo Deus é o ventre, e cuja glória é para confusão deles, que só pensam nas coisas terrenas".
(FILIPENSES 3.18-19)

O conceito bíblico de idolatria é bem mais largo, e inclui aquilo em que pomos nossa confiança, segurança, atenção, coração, amor e entendimento. Assim, coisas como o dinheiro, a condição social, a educação, a religião, a família, o sexo e o poder podem se tornar um ídolo na vida da pessoa. A própria pessoa pode colocar-se no centro do Universo e tornar a si própria em um ídolo.

O ídolo é qualquer coisa que colocamos no lugar de Deus; é qualquer coisa que assume em nossa vida o lugar que caberia a Deus assumir. Se um cristão vive em idolatria, ele não pode esperar ter uma vida de vitória. Essa vida só é possível seguindo o maior dos mandamentos:

> *"Amarás o Senhor teu Deus de todo o teu coração, e de toda a tua alma, e de todo o teu pensamento".*
> (MATEUS 22.37)

Podemos amar pessoas e coisas com o coração, a alma e o entendimento. Mas somente Deus é digno de ser amado com todo o coração, de toda a alma e de todo o entendimento (a mente). Essa totalidade é que diferencia a verdadeira adoração da falsa. Quando tiramos algo que compete a Deus e o damos a outra pessoa ou coisa, então praticamos idolatria, e assinamos nossa sentença de derrocada espiritual, ainda que tenhamos prosperidade material.

Veja o caso de Salomão. O mais sábio e mais rico dos reis de Israel (2Crônicas 9.22) era um verdadeiro adorador quando começou seu reinado. No entanto, ele começou a fazer alianças e mais alianças com outros povos pagãos por meio de casamentos mistos e tudo isso o levou a abandonar o Senhor e a incorrer em idolatria (1Reis 11.1-10). O Salomão que fez a linda oração de dedicação do templo, registrada em 2Crônicas 6.12-42, não era o mesmo que terminou os seus dias. Que triste fim para um adorador. A desgraça de Salomão só não foi maior porque Deus havia feito uma aliança com Davi, de preservar a sua descendência. Felizmente, Deus é sempre fiel a si mesmo. Apesar disso, Salomão teve de enfrentar os sérios desafios de sua idolatria (1Reis 11.14-40), o que culminou na divisão do povo de Deus no reinado de seu filho Roboão. Não se pode brincar de ser verdadeiro adorador.

Para evitar incorrer no erro de Salomão, mantenha seu foco no Senhor sempre. Parece que o filho de Davi, no fim da vida, recobrou a sanidade mental a esse respeito. Ao concluir Eclesiastes, Salomão disse: "De tudo o que se tem ouvido, o fim é: Teme a Deus, e guarda os seus mandamentos; porque isto é o dever de todo o homem. Porque Deus há de trazer a juízo toda a obra, e até tudo o que está encoberto, quer seja bom, quer seja mau" (12.13,14).

A adoração genuína deve atingir a vida da pessoa em todos os aspectos, como bem lembrou o apóstolo Paulo:

> *"Portanto, quer comais quer bebais, ou façais qualquer outra coisa, fazei tudo para glória de Deus".*
> (1CORÍNTIOS 10.31)

Siga esse conselho e experimente uma vida vitoriosa ao lado do Senhor.

BÍBLIA

Estou satisfeito com o dom das Escrituras Sagradas que me dão instrução abundante e tudo o que preciso conhecer tanto para esta vida quanto para o que há de vir.

MARTINHO LUTERO

EM 31 DE OUTUBRO DE 1517, Martinho Lutero deflagrou o maior acontecimento da história do cristianismo mundial: a Reforma Protestante, o rompimento final e definitivo com o romanismo e o papismo. O ano de 2017 marcou os 500 anos desse evento extraordinário, que só foi possível porque Lutero tinha em mãos uma Bíblia, e a usou para desmascarar os erros da Igreja Católica Romana e seus abusos com a venda das indulgências e da exploração dos pobres.

Naquele tempo, a Bíblia não era traduzida para a língua do povo. Apenas quem falava latim poderia lê-la. Lutero traduziu a Bíblia das línguas originais para o alemão e fez uma revolução em toda a Europa, que se espalhou por todo o mundo até então conhecido. Por meio de Lutero, Deus devolveu a Bíblia ao povo e reabriu o caminho para uma vida vitoriosa. E essa vida vitoriosa requer um elemento muito importante: a verdadeira fé.

Hoje, pela graça de Deus, a Bíblia está em praticamente todos os lares do planeta. É o livro mais distribuído do mundo. Nenhum outro livro se compara ao alcance e à influência da Bíblia.

Por que a Bíblia é tão importante para a nossa vida? Por que ela é uma peça tão fundamental em nossa existência terrena? Antes de tudo, porque ela é a Palavra que Deus inspirou. A Bíblia foi produzida pelo sopro de Deus. Ele inspirou homens para registrar a sua vontade. Seu objetivo máximo é nos levar até Jesus, o Salvador, como o apóstolo Paulo relembrou a Timóteo:

"E que desde a tua meninice sabes as sagradas Escrituras, que podem fazer-te sábio para a salvação, pela fé que há em Cristo Jesus".
(2TIMÓTEO 3.15)

A vida cristã não acaba quando somos levados a Jesus. Ela começa nesse exato momento. E a Bíblia, que nos leva ao Salvador, também nos leva a viver uma vida de acordo com a vontade dele. É o que Paulo completa ao dizer:

"Toda a Escritura é divinamente inspirada, e proveitosa para ensinar, para repreender, para corrigir, para instruir em justiça; para que o homem de Deus seja perfeito, e perfeitamente instruído para toda a boa obra".
(2TIMÓTEO 3.16,17)

Quando nos aproximamos de Jesus, nos achegamos a ele como estávamos — perdidos em nossos delitos e pecados, satisfazendo os desejos de nossa carne, de nosso coração, de nossos pensamentos e do mundo. A partir desse encontro com o Senhor, nossa vida teria de dar uma guinada de 180 graus, e a Bíblia é o meio pelo qual Deus revela sua vontade para os salvos em Cristo Jesus (Efésios 2.1-10).

A Bíblia nos ensina o que Deus gosta e o que não gosta, o que o agrada e o que o desagrada. Ela nos ensina o caminho no qual devemos trilhar para uma vida espiritual vitoriosa e material também. A Bíblia é perfeita para todas as esferas da nossa vida. Por meio dela, aprendemos as grandes verdades da nossa fé: quem é Deus, Jesus, o Espírito Santo, além do que é fé, justificação, santificação, glorificação; aprendemos sobre o passado e o futuro, e ainda mais, recebemos orientações para a vida presente.

As Escrituras também nos redarguem, isto é, nos contestam e apontam nossos erros. Elas dizem o que está errado em nossa vida e nos conduzem para o caminho da retidão. Por meio delas, Deus nos corrige toda vez que nos desviamos de sua vontade que é boa, perfeita e agradável aos seus olhos (Romanos 12.1,2), e nos instrui em sua justiça.

Deus deseja que sejamos preparados e perfeitamente instruídos para toda boa obra. Tudo o que aprendemos não é para nos tornar apenas pessoas sabedoras de Verdade, mas pessoas capacitadas para cumprir a vontade do Senhor em todas as áreas de nossa vida. Ele quer que alinhemos discurso e prática. Não fomos feitos para sermos burocratas da fé, mas proclamadores de uma fé viva e eficaz, capaz de realizar sinais e maravilhas em nome do Senhor.

Nossa fé não pode ser vazia e destituída de vida e unção. Não somos apenas depósito de informação, mas cartas vivas escritas por Deus para mostrar ao mundo o seu poder transformador e vivificador (2Coríntios 3.1-11). Muitos cristãos querem ter uma vida vitoriosa deixando a Bíblia de lado. O resultado será exatamente o oposto disso. Deixar de seguir a Bíblia é dar um tiro no próprio pé. Mais do que isso: é um desrespeito ao próprio Deus, que inspirou sua Palavra e a manteve preservada ao longo desses séculos, suportando ferrenha perseguição.

Por isso, se você quiser uma vida vitoriosa no Senhor, invista tempo para ler a sua santa Palavra e estudá-la. A Bíblia supre nossas necessidades espirituais. Deus fala conosco por meio dela. Recebemos consolo mediante as Escrituras, e força e coragem para vencer o pecado e as tentações. Ela está repleta de promessas de Deus para nossa vida. Seus tesouros são riquíssimos e estão à nossa disposição.

A Bíblia revolucionou a vida de muitos homens e mulheres, e até mesmo de nações, como atesta a história da Reforma. Mas o melhor de tudo é que ela pode revolucionar a sua vida para melhor. Basta que você a abra e permita que o Espírito de Deus ministre a Palavra à sua mente e ao seu coração.

A Palavra de Deus é viva e eficaz (Hebreus 4.12). Isso quer dizer que ela tem um valor prático. Em outras palavras, a Bíblia é um livro útil. Apesar de ter sido escrita por volta de 1450 antes de Cristo e ser concluída em torno do ano 100 depois de Cristo, ela continua atual. Seus princípios e valores ainda devem ser vividos. Ela nos ensina o valor da honestidade, do amor, da fidelidade, do domínio próprio, da sensatez, da honradez. Seus preceitos morais enriquecem a vida e trazem felicidade. Suas normas de vida são benéficas e tornam a vida melhor. Até hoje, as pessoas mencionam a chamada Regra de ouro:

"Portanto, tudo o que vós quereis que os homens vos façam, fazei-lho também vós...".
(MATEUS 7.12)

Ela nos ensina a amar a Deus, ao próximo e a nós mesmos (Mateus 22.37-39). Ela fala dos relacionamentos familiares, de amizade, de relações de trabalho etc. A Bíblia abrange todas as áreas de nossa vida, e mostra como atingir o sucesso nessas áreas.

Sem a ajuda da Bíblia, a vida vitoriosa que tanto almejamos não passaria de um sonho inalcançável. Felizmente, esse sonho é possível, e está ao seu alcance.

Vamos lá, pegue a sua Bíblia e comece a desfrutar hoje mesmo de uma vida vitoriosa!

COMUNHÃO

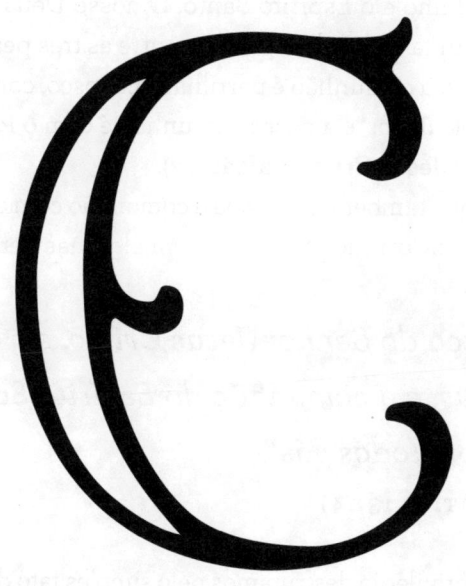

Que eu, na sua luz maravilhosa, estude a esplêndida união entre Jesus e seu povo, até que isso se torne para mim o guia para uma comunhão plena com meu amado Senhor.

ANDREW MURRAY

O PRÓPRIO TÍTULO DESTE LIVRO — *Deus e você* — já reforça a palavra comunhão. Fomos feitos para um nível de relacionamento elevado com o Senhor, e isso se revela no fato de termos sido feitos à imagem e semelhança de Deus (Gênesis 1.25,27). Deus é, em si, uma comunidade perfeita: o Pai, o Filho e o Espírito Santo. O nosso Deus é trino e uno. Há uma comunhão perfeita entre as três pessoas em Deus, e essa comunhão é partilhada conosco, como atesta o apóstolo João: "e a nossa comunhão é com o Pai, e com seu Filho Jesus Cristo" (1João 1.3).

A Bíblia também menciona a comunhão com o Espírito Santo em 2Coríntios 13.14 (v. 13 em algumas versões):

"A graça do Senhor Jesus Cristo, e o amor de Deus, e a comunhão do Espírito Santo seja com todos vós".

(2CORÍNTIOS 13.14)

Que privilégio desfrutamos pelo simples fato de termos comunhão com Deus — o Pai, o Filho e o Espírito Santo! Não estamos sozinhos neste Universo. Não fomos criados para sermos robôs, mas seres relacionais, prontos para estabelecer um canal de comunicação com o Senhor.

Depois de criar o primeiro homem, ainda que ele estivesse em sua companhia, o Senhor também criou um ser da mesma natureza que ele: a mulher, a fim de partilhar com o homem experiências humanas.

Fomos então criados com a necessidade de duas comunhões: uma com Deus e outra com outros seres humanos. Nenhum de nós foi feito para ser uma ilha, para viver isolado. Somos seres dotados de necessidade de relacionamentos fortes e saudáveis. Fomos feitos com uma necessidade irresistível de comunhão.

O Antigo e o Novo Testamento mostram que o isolamento é perigoso para a vida cristã. Por exemplo, Provérbios 18.1 declara: "Busca satisfazer seu próprio desejo aquele que se isola; ele se insurge contra toda sabedoria".

Por isso mesmo, Hebreus 10.25 nos aconselha:

"Não deixando nossa mútua congregação, como é costume de alguns, antes admoestando-nos uns aos outros; e tanto mais, quanto vedes que se vai aproximando aquele dia".

(HEBREUS 10.25)

Infelizmente, estamos vivendo dias em que contemplamos no arraial evangélico o surgimento de um grupo chamado de "desigrejados". À luz da Bíblia, esse tipo de grupo não faz o menor sentido. Não podemos nos isolar da comunhão com outros irmãos e nos dizermos cristãos. O próprio Jesus disse que a igreja é uma comunidade de fiéis — não existe igreja de uma pessoa só:

> *"Porque, onde estiverem dois ou três reunidos em meu nome, aí estou eu no meio deles".*
>
> (MATEUS 18.20)

Ele estará no meio de "dois ou três" (isso é pluralidade, coletividade). Ele não disse: "quando alguém estiver sozinho reunido em meu nome". Isso não existe.

O cristão que se recusar a ficar junto do braseiro certamente perderá a chama que o mantém aceso e útil no mundo. O isolacionismo é uma porta de entrada para uma vida de derrotas. Juntos somos mais fortes. Juntos, temos as copiosas bênçãos de Deus. O salmista retratou bem essa realidade: "Oh! Quão bom e quão suave é que os irmãos vivam em união. É como o óleo precioso sobre a cabeça, que desce sobre a barba, a barba de Arão, e que desce à orla das suas vestes. Como o orvalho de Hermom, e como o que desce sobre os montes de Sião, porque ali o Senhor ordena a bênção e a vida para sempre" (Salmos 133).

O Salmo 133 foi escrito por Davi. Quando ele assumiu o reinado, a nação de Israel estava dividida numa guerra civil entre as tribos do Norte e do Sul. A divisão ocorreu com a morte de Saul — as tribos do Norte apoiaram Is-Bosete, filho de Saul, e a tribo de Judá, ao Sul, permaneceu ao lado de Davi (2Samuel 2.8-10).

O homem segundo o coração de Deus sabia que aquela divisão não era a vontade do Senhor para o seu povo. Ele queria os israelitas unidos em torno do verdadeiro Deus.

Depois de muitas campanhas militares e com a morte de Is-Bosete, Davi passou a ter controle sobre todo o Norte e o Sul, reunificando-os. Mas ainda permaneciam rancores e inimizades que poderiam comprometer a unidade. Um lado ainda se achava superior ao outro e continuava a desejar viver de forma isolada e independente. Para unificá-los, Davi anexou Jerusalém ao seu reino, fazendo dela sua capital e o centro de adoração para todo o povo. Davi almejava a união do povo de Deus. Para reforçar essa ideia e essa necessidade, ele recorreu a dois símbolos importantes para reforçar a unidade:

Arão — irmão de Moisés, Arão foi o primeiro sacerdote ungido por Deus entre seu povo eleito. Ele era ungido com óleo que descia sobre sua veste. O elemento de unidade está no seguinte fato: na veste do sacerdote havia um peitoral com doze pedras, cada qual simbolizando as doze tribos de Israel. A bênção de Deus era derramada sobre todas as tribos na pessoa do sumo sacerdote. A bênção era derramada na unidade. Quebrar a unidade era trazer maldição. Toda rebelião era rejeitada, bastava que o povo se lembrasse de Corá, Data e Abirão (Números 16).

Orvalho do Hermom — com quase 3.000 metros e três picos, o Hermom é um monte localizado nas tribos do Norte e cujo cume está permanentemente coberto de neve. O cume nevado provoca a condensação da névoa noturna, produzindo assim o orvalho abundante que preserva a vegetação durante o longo período de verão. Correntes de ar frio que descem da cordilheira do Hermom levam essa névoa para o Sul até a região de Jerusalém — o centro da adoração a Deus —, onde se condensa como orvalho. Assim, o Norte é beneficiado pelo Sul e o Sul é beneficiado pelo Norte. Não há razão, portanto, para o povo permanecer dividido. Hermom (o Norte) precisa de Sião; o Sul (Sião) precisa do Norte.

O povo de Deus não pode viver dividido entre si. Isso não é bom e pode trazer vergonha ao nome de Deus. Que testemunho os cristãos darão ao mundo brigando entre si? O mundo está dividido por partidos políticos, times de futebol e religiões, e o povo de Deus, que deveria ser diferente, está se permitindo esse tipo de coisa, e por isso vemos brigas entre calvinistas e arminianos, pentecostais e tradicionais, e por aí vai. Todos, no entanto, são povo de Deus. A oração sacerdotal de Jesus deixa claro qual é o objetivo dele para o seu povo:

"Para que todos sejam um, como tu, ó Pai, o és em mim, e eu em ti; que também eles sejam um em nós, para que o mundo creia que tu me enviaste. E eu dei-lhes a glória que a mim me deste, para que sejam um, como nós somos um. Eu neles, e tu em mim, para que eles sejam perfeitos em unidade...".

(JOÃO 17.21,23)

A unidade do povo de Deus é um forte testemunho ao mundo. Temos de viver o lema dos chamados Três Mosqueteiros: "Um por todos, e todos por um".

Juntos, temos de lutar contra as forças do mal nas regiões celestiais (Efésios 6:12). Se estivermos divididos, abrimos vantagem para os poderes do mal. Enquanto estivermos fora da comunhão pretendida pelo Senhor, almas estarão sendo cooptadas para o lado do inimigo. Que vitória a Igreja terá diante desse quadro de desunião? Assim, a "comunhão" é de vital importância para os que almejam uma vida vitoriosa no Senhor. Temos de nos juntar para salvar mais almas para Jesus; para resistir aos ataques de Satanás e seus demônios. Devemos nos unir para, juntos, testemunharmos o amor de Deus a esta geração. Por isso, meu irmão e minha irmã, não se isolem. Se você estiver afastado da comunhão com os irmãos, leve a sério este apelo: retorne hoje mesmo ao rebanho do Senhor e vamos juntos batalhar o bom combate para que o mundo creia em Jesus, o Messias enviado pelo Pai. Que a oração sacerdotal do Senhor em João 17 se cumpra integralmente na vida vitoriosa da igreja e em nossa vida.

DÍZIMO

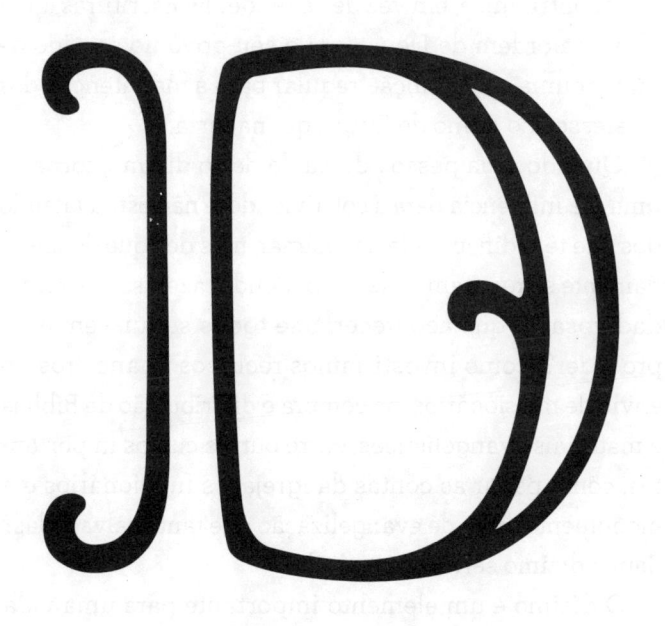

*Você não dá para o bem de Deus, mas
para seu próprio bem.*

MAX LUCADO

APESAR DA ORDEM CLARA das Escrituras para que o povo de Deus seja dizimista, existe uma enxurrada de ataques por parte de alguns cristãos a essa prática. O problema é que, na maioria das vezes, quem se opõe contra a bênção do dízimo está militando em causa própria. A pessoa não quer contribuir, e, em vez de se render às Escrituras, quer alterar a ordem de Deus para o seu povo no sentido de manter uma contribuição regular para a manutenção dos interesses do Reino de Deus aqui na terra.

Quando uma pessoa deixa de dar o dízimo, torna-se uma má influência para a coletividade, e não estou falando dos que têm dificuldade de dizimar, mas dos que deliberadamente se recusam a fazê-lo podendo fazer isso de forma dadivosa. O que aconteceria se todos seguissem esse proceder? Como investiríamos recursos financeiros no envio de missionários, na compra e distribuição de Bíblias e materiais evangelísticos, entre outros custos importantes, como pagar as contas da igreja, os funcionários e a monumental obra de evangelização que tanto salva vidas? Sem o dízimo seria impossível!

O dízimo é um elemento importante para uma vida vitoriosa, e só quem é dizimista sabe bem o que isso significa na prática. O dizimista segue à risca a Palavra do Senhor e aceita de bom grado o convite do próprio Deus: "Trazei todos os dízimos à casa do tesouro, para que haja mantimento na minha casa, e depois fazei prova de mim nisto, diz o SENHOR dos Exércitos, se eu não vos abrir as janelas do céu, e não derramar sobre vós uma bênção tal até que não haja lugar suficiente para a recolherdes." (Malaquias 3.10).

Quem é dizimista desfruta das bênçãos espirituais e materiais do Senhor. Isso é incontestável. Essa palavra não deve espantar nenhum cristão. Ao contrário, deve chamá-lo a um compromisso com a obra do Reino de Deus. Concordo com estas dez questões acerca dos dizimistas:

1. O dizimista acredita não apenas em Malaquias 3.10, mas em 1Crônicas 29.14:

"Porque tudo vem de ti, e do que é teu to damos".

(1CRÔNICAS 29.14)

Deus é dono de tudo e tudo vem das mãos dele (Salmos 24.1). Ele é o Senhor do ouro e da prata (Ageu 2.8). Ao dizimarmos, reconhecemos esse fato;

2. O dizimista preza as coisas sagradas: o local onde cultua a Deus, onde estuda a Bíblia e onde é abençoado com a ministração da sua Palavra; e não é possível manter tudo isso sem sua contribuição generosa e regular;

3. O dizimista quer ser participante do privilégio de contribuir com a expansão do Reino de Deus, como foi desejo de Jesus, e o dinheiro é parte desse processo (Mateus 28.19,20);

4. O dizimista acredita piamente nas palavras de Jesus registradas por Lucas: "Mais bem-aventurada coisa é dar do que receber" (Atos 20.35);

5. O dizimista não se vê forçado a nada, pois ele conhece esta grande verdade:

"Deus ama ao que dá com alegria";
(2CORÍNTIOS 9.7)

6. O dizimista não é avarento (1Timóteo 6.10); não tem medo de abrir mão de parte do que ganha para beneficiar a obra de Deus, que inclui a igreja que frequenta;

7. O dizimista sabe que seu rico tesouro está nos céus, e demonstra com sua contribuição que não está ferrenhamente apegado ao dinheiro; ele não é seu dono, mas seu servo (Mateus 6.19-21);

8. O dizimista tem plena consciência de que o sustento da igreja também é sua responsabilidade, assim como era responsabilidade dos israelitas sustentar o serviço do templo de Deus nos dias do Antigo Testamento (Malaquias 3.10);

9. O dizimista é uma pessoa de fé, porque acredita que Deus supre e continuará a suprir suas necessidades, e contribuir é sinal desse reconhecimento (Filipenses 4.19);

10. O dizimista não faz isso apenas para ser vitorioso espiritualmente e financeiramente, mas porque é um cristão responsável e cumpridor de seus deveres espirituais.

Em tudo isso, ganha quem dá, ganha quem contribui. Reforçando o que disse Max Lucado: "Você não dá para o bem de Deus, mas para seu próprio bem".

Na matemática de Deus, quem dá ganha, e quem ganha, dá. Veja o caso de Abraão. Ele era dizimista e via no dízimo uma parte de seu relacionamento direto com Deus. Gênesis 14.18-20 relata que depois de uma campanha militar vitoriosa, na qual libertou seu sobrinho Ló, Abraão deu dízimos a Melquisedeque, "sacerdote do Deus Altíssimo". Na sua oração, o sacerdote disse:

> *"Bendito seja Abrão pelo Deus Altíssimo, o Possuidor dos céus e da terra; e bendito seja o Deus Altíssimo, que entregou os teus inimigos nas tuas mãos".*

(GÊNESIS 14.19,20)

    Deus, que possui os céus e a terra, recebe dízimos, e isso em resposta ao fato de que ele mesmo dá coisas aos seus servos (no caso específico de Abraão, ele recebeu a vitória diante de seus inimigos). O dízimo sempre foi e sempre será uma resposta de gratidão da parte do fiel que recebe bênçãos da parte do Altíssimo. Ah, e veja que tudo isso aconteceu antes da promulgação da Lei de Moisés, o que derruba o argumento de que como não estamos mais sujeitos à Lei, também não precisamos mais dar o dízimo. O dízimo vigorou antes da Lei, durante a Lei e depois da Lei. Por isso, seja vitorioso e próspero como Abraão e muitos outros. Seja dizimista!

ESPERANÇA

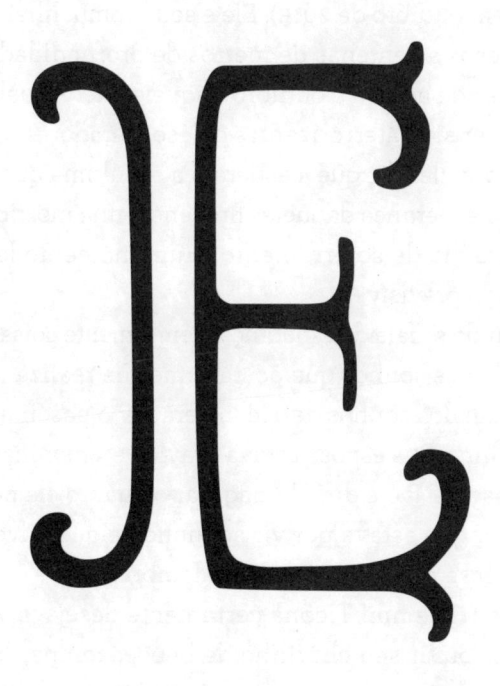

*O que o oxigênio é para os pulmões, a esperança
é para o significado da vida.*

EMIL BRUNNER

"ESPERANZA" — ESSE É O NOME DA TERCEIRA FILHA de um ilustre desconhecido chamado Ticona. Ele é um dos 33 mineradores que haviam sido soterrados numa mina no norte do Chile em 2010, um caso que causou comoção em todo o mundo e que virou filme — *Os 33* (lançado no Brasil em outubro de 2015). Ele e seus companheiros ficaram presos a centenas de metros de profundidade entre os meses de agosto e outubro daquele ano. Aqueles dias devem ter sido aterrorizantes e desesperadores. O velho ditado popular diz que a esperança é a última que morre. Talvez a esperança daqueles homens tenha morrido já no primeiro dia de soterramento. Humanamente falando, seria algo previsível.

Quando se fala de esperança, vêm à mente coisas como o futuro e os sonhos que gostaríamos de realizar. Certamente um dos sonhos de Ticona era ver o nascimento de sua filhinha. Sua esposa estava grávida e a menina estava para nascer. Não é difícil imaginar o quanto ele pensava nesse ser que estava por vir ao mundo e que talvez nem conhecesse o próprio pai. Nem lembrança ele se tornaria. Que triste fim! Ticona certamente desejava ver sua filhinha, ouvir seu chorinho de bebê, acompanhar seu crescimento e seu desenvolvimento. Vê-la engatinhar e ouvi-la falar "papá". Talvez ele já até estivesse pensando na tristeza de jamais poder ver o rosto de sua menininha e de sua amada esposa. Quanta coisa deve ter passado na cabeça de Ticona! E multiplique isso pelos dias passados ali embaixo da terra. Foram mais de dois meses em que a esperança lutou para não morrer.

A filha de Ticona nasceu enquanto ele estava preso na mina. Felizmente, ele e seus companheiros foram retirados com vida depois de um longo período. Quando ele foi resgatado, o chileno pôde finalmente receber em seus braços Esperanza (o espanhol para "Esperança"). A esperança não morreu. Esperanza nasceu.

Quem também viveu um momento especial foi o patriarca Jacó. Por muito tempo, ele pensou que seu filho José estivesse morto. Tempos depois de reencontrá-lo são e salvo no Egito, o idoso Jacó disse a José:

> *"Eu não cuidara ver o teu rosto; e eis que Deus me fez ver também a tua descendência".*

(GÊNESIS 48.11)

Como Deus é maravilhoso!

A esperança é uma das forças mais poderosas que mantém a humanidade em movimento. O teólogo Emil Brunner estava certo ao estabelecer a relação entre a esperança e o significado da vida, como lemos na frase citada no início desta meditação.

A palavra "esperança" aparece cerca de cem vezes na Bíblia. No Antigo Testamento, escrito em Hebraico, a palavra *tiqvah*, isto é, "esperar por algo com forte expectativa", ocorre sobretudo no livro de Jó, personagem que, apesar de tudo o que sofreu, esperou com viva expectativa no Senhor, seu Deus. No Novo Testamento, a palavra grega *elpis* está relacionada com a expectativa de algo bom ou de uma promessa, e ocorre mais vezes no livro de Romanos, a epístola da esperança.

Em duas outras epístolas do apóstolo Paulo, a esperança está associada ao amor e à fé, e forma com estas o que os teólogos chamam comumente de "virtudes teologais", visto que elas emanam diretamente do trono de Deus e conduzem os homens diretamente a ele num relacionamento vivo e pessoal mediante a ação direta do Espírito Santo que habita no crente (veja 1Coríntios 13.13; 1Tessalonicenses 1.3). Ainda que surjam situações desafiadoras tentando pôr em xeque o relacionamento entre a esperança, a fé e o amor, Deus tira aquele que impede esse desenlace.

Somos chamados por Deus para viver uma vida de esperança, e não uma vida de desesperança, pois viver sem esperança é viver como se Deus não existisse. Um crente sem esperança é um ateu no íntimo e na prática. O crente precisa confiar no Senhor pelo que ele é:

"Ó Senhor, esperança de Israel, todos aqueles que te deixam serão envergonhados; os que se apartam de mim serão escritos sobre a terra; porque abandonam o Senhor, a fonte das águas vivas".

(JEREMIAS 17.13)

Não permita que nenhuma circunstância o afaste da "esperança de Israel".

O apóstolo Paulo declara, com viva confiança:

"E o próprio nosso Senhor Jesus Cristo e nosso Deus e Pai, que nos amou, e em graça nos deu uma eterna consolação e boa esperança, console os vossos corações, e vos confirme em toda a boa palavra e obra".

(2TESSALONICENSES 2.16,17)

A esperança é uma mola propulsora que impulsiona o cristão a viver uma vida de boas obras, sabendo que o Senhor o ama e o consola em meio às lutas próprias da vida.

A esperança dos cristãos não pode ser inferior à esperança dos que estavam naquela mina chilena. Aqueles homens ficaram soterrados cerca de 70 dias, a quase 700 metros de profundidade — algo realmente assustador e desesperador! A explosão da mina fez com que todos pensassem que os trabalhadores houvessem morrido, e eles só foram encontrados pelas equipes de resgate duas semanas e meia depois, por meio de uma pequena perfuração da largura de uma laranja. Quando autoridades, profissionais de salvamento, familiares e amigos haviam pensado que era o fim, a esperança triunfou sobre tudo e todos!

A esperança dos cristãos também deve ter essa magnitude. Independentemente da situação na qual nos encontramos, mesmo que seja num poço que parece não ter fim, a esperança deve triunfar sobre tudo e todos. Nosso Deus, de quem nada escapa de seu raio de alcance, sabe onde estamos e como nos encontramos. O salmista deixa claro o grau de alcance do Senhor:

> *"Para onde me irei do teu espírito, ou para onde fugirei da tua face? Se subir ao céu, lá tu estás; se fizer no inferno a minha cama, eis que tu ali estás também. Se tomar as asas da alva, se habitar nas extremidades do mar, até ali a tua mão me guiará e a tua destra me susterá".*
> (SALMOS 139.7-10)

Acredite, há esperança para você. Há esperança para se livrar de vícios. Há esperança para tornar-se uma pessoa melhor. Há esperança para o seu casamento. Há esperança para os seus filhos. Há esperança para o desemprego e sua vida financeira. Há esperança para sua enfermidade. Há esperança para a sua desesperança. Não há abismo nem profundidade que Deus não possa alcançar e de onde não nos possa tirar.

Como é bom saber que Deus não está alheio às nossas dificuldades! Assim, venha o que vier, aconteça o que acontecer, confie no Senhor. Acredite nestas palavras:

"Porque para isto trabalhamos e somos injuriados, pois esperamos no Deus vivo, que é o Salvador de todos os homens, principalmente dos fiéis".
(1TIMÓTEO 4.10)

Deposite você também sua esperança no Senhor e experimente uma vida de livramentos e vitória!

FRUTO

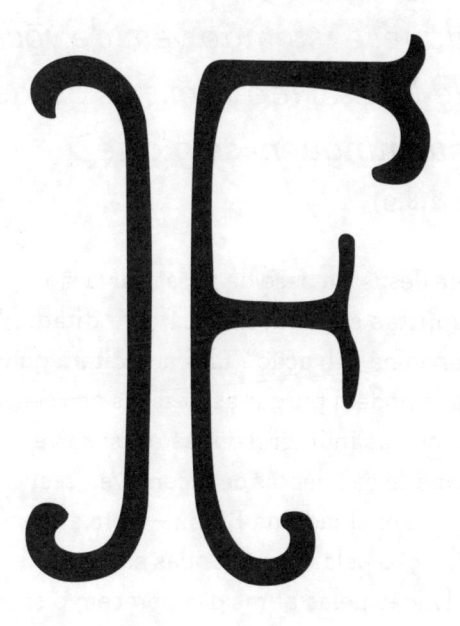

À medida que o crente permanece em
conexão vital com Jesus Cristo, ele começa a
dar o fruto das qualidades de Cristo.

CHARLES SWINDOLL

A BÍBLIA DIZ QUE SOMOS SALVOS pela fé, e não por obras. Essa verdade é libertadora. Não precisamos fazer nada para nos salvar, pois Jesus fez isso por nós na cruz:

"Porque pela graça sois salvos, por meio da fé; e isto não vem de vós, é dom de Deus. Não vem das obras, para que ninguém se glorie".
(EFÉSIOS 2.8,9)

A fé em Jesus é a base de nossa salvação.

Os espíritas seguem à risca este ditado: "Fora da caridade não há salvação". Eles acreditam que as obras de caridade podem purgar as pessoas dos seus pecados perpetrados nas inúmeras vidas passadas e levá-las ao estado de perfeição depois de incontáveis reencarnações. Nada disso é ensinado na Bíblia — nem a reencarnação nem a salvação pelas obras. Todas as religiões que ensinam a salvação pelas obras desmerecem o sacrifício de Jesus na cruz. A verdade incontestável da Bíblia é esta: "Fora de Jesus não há salvação".

No entanto, isso não quer dizer que o cristão deva viver preguiçosamente. Longe disso! A mesma passagem que diz que fomos salvos pela graça, mediante a fé, e que isso não vem de nós nem das obras, mas que é dom de Deus, também diz o seguinte:

> *"Porque somos feitura sua, criados em Cristo Jesus para as boas obras, as quais Deus preparou para que andássemos nelas".*

(EFÉSIOS 2.10)

Fomos criados a fim de realizar as boas obras. Em outra passagem, Paulo declarou que Jesus "se deu a si mesmo por nós para nos remir de toda a iniquidade, e purificar para si um povo seu especial, zeloso de boas obras" (Tito 2.14). Assim, não há mais desculpas para termos crentes preguiçosos na igreja e no Reino de Deus.

Embora as boas obras não salvem, elas põem à prova a fé que afirmamos ter em Cristo Jesus. Em outras palavras, quem é salvo deve praticar boas obras. E é aí que entra a epístola de Tiago. Ele nos ensina que a fé sem obras é uma fé morta (Tiago 2.26). Se alguém afirma que foi salvo, então deve demonstrar que é um salvo, e a única forma de fazer isso é tendo uma vida frutífera no Senhor. É dando sinais visíveis dessa fé. Tiago cita dois exemplos para comprovar sua tese: Abraão e Raabe. O patriarca ofereceu o próprio filho a Deus em sacrifício (só não o concretizou porque o próprio Deus o interrompeu, mas ele estava disposto a fazê-lo; para Deus, é como se ele o tivesse feito). E Raabe acolheu os espias e os salvou. Ambos não apenas afirmaram ter fé, mas demonstram ter fé.

É isso o que Senhor espera de nós como seu povo eleito:

"... eu te mostrarei a minha fé pelas minhas obras".
(TIAGO 2.18)

Jesus disse que nos chamou para que déssemos fruto:

"Nisto é glorificado meu Pai, que deis muito fruto; e assim sereis meus discípulos".
(JOÃO 15.8)

Note que ele disse *"muito* fruto". Esse advérbio de intensidade indica que não podemos ser crentes "meia-boca".

Depois de curar um homem, Jesus foi perseguido pelos judeus porque realizou a cura num sábado. Jesus então lhes disse:

"Meu Pai trabalha até agora, e eu trabalho também".
(JOÃO 5.17)

O Senhor é nosso exemplo de que uma vida dedicada a Deus deve ser frutífera e rica em boas obras, o que inclui até mesmo realizar milagres. A palavra "trabalho" em João

5.17 está associada a um milagre específico: a cura de um homem enfermo havia 38 anos (João 5.5).

Ao chamar seus apóstolos, Jesus lhes disse que eles seriam "pescadores de homens". Isso também é trabalho. São os "frutos do mar" da humanidade que trazemos para o Senhor quando pregamos as boas-novas do evangelho da salvação.

Jesus demonstrou em vida o que significa uma vida produtiva no Reino de Deus. Em apenas três anos e meio, ele realizou obras extraordinárias e impactou a história da humanidade. Mas obras maiores estariam por vir. E quem faria isso? Ele mesmo disse:

> *"Na verdade, na verdade vos digo que aquele que crê em mim também fará as obras que eu faço, e as fará maiores do que estas, porque eu vou para meu Pai".*

(JOÃO 14.12)

Prestou atenção? Jesus falou que podemos realizar as obras realizadas e até "maiores". É claro que não qualitativamente, mas quantitativamente. Jesus atuou apenas nas regiões da Judeia, Galieia e Pereia. Mas ele disse que seus discípulos iriam mais além: por todo o mundo, começando por Jerusalém, Judeia, Samaria e até os confins da terra (Mateus 28.19,20; Atos 1.8).

O que não falta é trabalho no Reino de Deus. Até voltar, Jesus quer ver seu povo ativo, produzindo "muitos frutos" para sua honra e glória: salvando vidas, operando milagres, sinais e maravilhas, realizando obras assistenciais, espalhando o evangelho pelo mundo, batizando discípulos e ensinando-os a obedecer tudo o que ele ordenou. Temos de usar nossos dons para que o Reino se expanda e o nome do Senhor seja engrandecido.

O Reino de Deus é lugar de gente trabalhadora. Quer tirar férias eternas? Então espere chegar no céu. Até lá, temos de colocar a mão no arado e lançar nossas redes. Paulo disse aos coríntios:

"Portanto, meus amados irmãos, sede firmes e constantes, sempre abundantes na obra do Senhor, sabendo que o vosso trabalho não é vão no Senhor".
(1CORÍNTIOS 15.58)

Não pense que o Senhor não se importa com seu trabalho. Ele se importa, e muito. Ao escrever às igrejas de Apocalipse, ele disse uma frase a quase todas elas: "Conheço as tuas obras" (Apocalipse 2.2, 19; 3.1,8,15). A questão é: Como anda sua vida de boas obras? Você tem produzido frutos para o Reino de Deus? Sua fé tem sido operosa? Se não, não é hora de lamento, mas de ação. Ainda há tempo de se preparar e fazer grandes coisas para Deus. Quer uma vida vitoriosa com Deus? Trabalhe para isso, e você verá grandes coisas da parte do Senhor.

GRATIDÃO

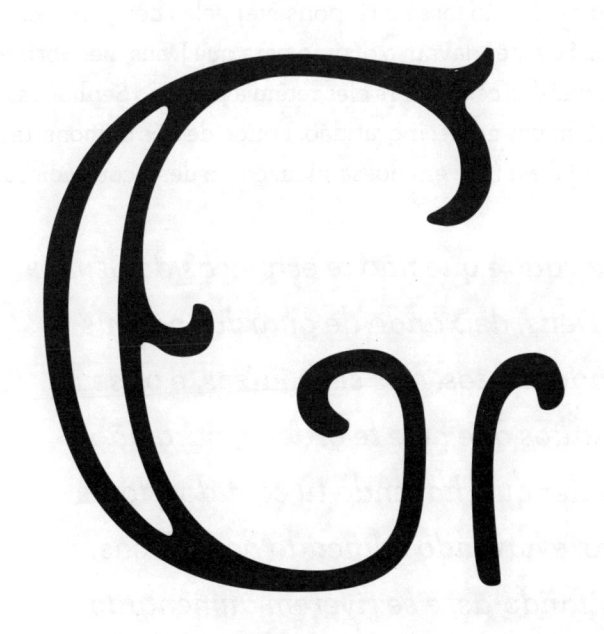

Encha-se dos sentimentos de gratidão.

TOMMY NEWBERRY

MUITOS CRISTÃOS VIVEM PEDINDO a Deus bênçãos de todos os tipos, principalmente as materiais. Querem vitória na vida financeira e Deus, em seu amor e sua misericórdia, lhes concede graciosamente. No entanto, depois de adquirirem o sucesso esperado, alguns se afastam do Senhor, como se ele não fosse o responsável pelas bênçãos alcançadas. Se antes davam o dízimo para que Deus lhes abrisse as portas dos céus, agora eles retêm a parte do Senhor. Isso tudo tem um nome: ingratidão. Longe de nós demonstrarmos esse espírito em nossa vida, como destacou Moisés:

"Guarda-te que não te esqueças do S<small>ENHOR</small> teu Deus, deixando de guardar os seus mandamentos, e os seus juízos, e os seus estatutos que hoje te ordeno; para não suceder que, havendo tu comido e fores farto, e havendo edificado boas casas, e habitando-as, e se tiverem aumentado os teus gados e os teus rebanhos, e se acrescentar a prata e o ouro, e se multiplicar tudo quanto tens, se eleve o teu coração e te esqueças do S<small>ENHOR</small> teu Deus, que te tirou da terra do Egito, da casa da servidão".

(DEUTERONÔMIO 8.11-14)

Não somos e não seríamos nada sem a mão de Deus em nossa vida. Por isso, nossos lábios devem se encher de cânticos de ações de graças pelos atos poderosos do Senhor, a começar pela nossa salvação em Cristo Jesus. Deus age poderosamente em nosso favor para que a gratidão transborde de nossos lábios. Encha-se de sentimentos de gratidão, e não de ingratidão, sobretudo para com o Senhor.

Lembre-se de que foi Deus que nos amou primeiro, e depois de nos amar e nos salvar, ele fez mais: o Senhor...

"... nos abençoou com todas as bênçãos espirituais nos lugares celestiais em Cristo".

(EFÉSIOS 1.3)

Sabedores disso, devemos ser impulsionados a viver o que disse Davi:

"Bendize, ó minha alma, ao SENHOR, e tudo o que há em mim bendiga o seu santo nome. Bendize, ó minha alma, ao SENHOR, e não te esqueças de nenhum de seus benefícios".

(SALMOS 103:1,2)

O cristão deve ter boa memória e ser bom em matemática, a fim de saber contar todas as bênçãos recebidas das mãos de Deus:

> *"Lembro-me dos dias antigos; considero todos os teus feitos; medito na obra das tuas mãos".*
> (SALMOS 143.5)

É o mínimo que se espera de nós!

Davi tinha uma boa memória e era um bom contador dos benefícios recebidos do Senhor. Por isso mesmo, ele tinha um coração agradecido. Aliás, ele sempre exortava a si mesmo a agradecer ao Senhor. É uma espécie de reflexão pessoal que reconhece a grandeza de Deus pelas bênçãos alcançadas. Trata-se de um chamado urgente, que envolve os pensamentos e as emoções num gesto de adoração ao Senhor.

No Salmo 65, Davi apresenta várias razões que devem nos levar a sermos gratos a Deus: escuta nossas orações, perdoa nossas transgressões, escolhe-nos para o seu serviço sagrado, recebe-nos com bondade em sua casa, responde-nos com tremendos feitos, traz paz em meio aos tumultos da vida, alimenta-nos por meio da natureza e enche-nos de fartura. Sabendo contar, saberemos também agradecer. Aliás, é isso o que Deus espera de nós, como revela sua Palavra:

> *"Em tudo dai graças, porque esta é a vontade de Deus em Cristo Jesus para convosco".*
>
> (1TESSALONICENSES 5.18)

A vontade de Deus é sempre boa, agradável, e perfeita, como declarou o apóstolo Paulo em Romanos 12.2, e traz benefícios aos que a põem em prática. A ciência demonstra isso no que tange ao agradecimento. Estudiosos da área da saúde mental demonstram que a prática de agradecer traz benefícios físicos, mentais e emocionais. Quem tem espírito de gratidão se torna alguém mais positivo em relação à vida, sabe aproveitar os momentos que a tornam mais prazerosa e aprendem a lidar melhor com as vicissitudes próprias da vida. Não é sem razão que o apóstolo Paulo aconselha:

> *"... sede agradecidos".*
>
> (COLOSSENSES 3.15)

Não se trata de proferir a toda hora um "muito obrigado", como isso fosse um mantra, como fazem algumas seitas religiosas. É mais do que balbuciar uma frase de forma ininterrupta. Trata-se de uma postura perante a vida. Sabendo que nossa vida é regida por Deus, temos de aprender a ter uma atitude ou espírito de gratidão.

> *"Aquele que oferece o sacrifício de louvor me glorificará; e àquele que bem ordena o seu caminho eu mostrarei a salvação de Deus".*
> (SALMOS 50.23)

Encha-se desse sentimento e desfrute de uma vida vitoriosa ao lado do Senhor. Glorifique-o por meio de agradecimentos e ele o recompensará nesta vida e na vida do mundo vindouro.

HUMILDADE

*É impossível, sem a humildade, desfrutar
qualquer coisa que seja.*

GILBERT K. CHESTERTON

QUANDO SE FALA EM HUMILDADE, as pessoas geralmente têm uma ideia equivocada do termo. A palavra é normalmente associada ao pessimismo, a uma visão vaga ou mesquinha do próprio destino, ao sentimento de fraqueza ou de inferioridade com relação a alguém ou algo, além de ser relacionada com a falta de luxo, sendo assim, sinônimo de simplicidade, pobreza ou penúria.

Mas pessimismo, mesquinhez, sentimento de fraqueza, inferioridade e pobreza não são virtudes, isto é, não são coisas que se conformam com o que é considerado correto e desejável, nem do ponto de vista moral, religioso, social ou comportamental. A humildade, por sua vez, é uma virtude, isto é, algo que conforma com o bem maior, com a excelência moral ou de conduta. Acima de tudo, a humildade é uma qualidade que se conforma com o caráter e a vontade de Deus.

Quem quer desfrutar de uma vida cristã vitoriosa precisa saber que essa bênção é impossível de ser alcançada sem a humildade. Isso porque a humildade é uma qualidade que se opõe ao orgulho e à soberba e nos coloca numa posição de submissão a Deus, o Senhor de nossa vida (Tiago 4.6-10; 1Pedro 5.5-7). A humildade nos ensina a reconhecer que não podemos ser ou ter nada sem a ajuda do Senhor.

A humildade é um antídoto para que não caiamos no pecado de Lúcifer, o anjo que achou que poderia viver independente de Deus e que seria capaz de controlar a própria vida com sucesso sem a orientação do Todo-poderoso (Isaías 14.12-14; Ezequiel 28.13-19). Lúcifer não enxergava suas limitações de anjo; ele via em si próprio algo que não existia nele: os atributos próprios que fazem de Deus o que ele é — onipotência, onisciência e onipresença. Lúcifer estava cego pelo próprio orgulho e não conseguia ver o abismo terrível dentro de si, e, por causa disso, passará a eternidade em tormentos (Mateus 25.41; Apocalipse 20.10). De fato, o que a Bíblia diz é a mais pura verdade:

"A soberba precede a ruína, e a altivez do espírito precede a queda".
(PROVÉRBIOS 16.18)

Como o pecado ainda habita em nós, precisamos resistir fortemente à soberba, e o melhor remédio contra o pecado que seduziu Lúcifer é ter consciência das nossas próprias limitações e de nossa dependência total do Senhor. O crente humilde aceitará sem questionar estas palavras do Senhor em sua vida:

"... porque sem mim nada podeis fazer".
(JOÃO 15.5)

Ele reconhecerá que seus dons, talentos, valores, capacidades e qualidades vêm de Deus, que repartiu tudo isso entre seus servos a fim de que servíssemos uns aos outros em amor.

Assim, é fácil perceber que ser humilde é, na verdade, ser como Jesus. O Filho de Deus é o nosso padrão de humildade. Filipenses 2.5-8 revela a atitude mental que devemos ter no tocante a essa virtude:

"... que haja em vós o mesmo sentimento que houve também em Cristo Jesus".

Ele então prossegue:

"Que, sendo em forma de Deus, não teve por usurpação ser igual a Deus, mas fez a si mesmo de nenhuma reputação, tomando a forma de servo, fazendo-se semelhante aos homens; e, achado na forma de homem, humilhou-se a si mesmo, sendo obediente até à morte, e morte de cruz".

Essa passagem ensina a doutrina do "esvaziamento" de Jesus. Embora fosse Deus, ele se fez homem sem deixar de ser Deus. Ele era ao mesmo tempo Deus e homem. Ele poderia agir como Deus e exigir o que quisesse; ele nem mesmo padeceria tudo o que padeceu nas mãos dos homens (por exemplo, em Mateus 26.53, ele disse: "Ou pensas tu que eu não poderia agora orar a meu Pai, e que ele não me daria mais de doze legiões de anjos?"). Mesmo assim, por amor a nós, ele se humilhou, isto é, assumiu a nossa condição e tomou o nosso lugar na cruz. Ele viveu e morreu como homem. Mas ele ressuscitou corporalmente e foi glorificado. Como Deus, ele já tinha a glória desde a eternidade; mas como homem, ele a conquistou por sua humildade a vitória sobre o pecado, a morte e o diabo. É por isso que Paulo termina a passagem com este desfecho:

> *"Por isso, também Deus o exaltou soberanamente, e lhe deu um nome que é sobre todo o nome; para que ao nome de Jesus se dobre todo o joelho dos que estão nos céus, e na terra, e debaixo da terra, e toda a língua confesse que Jesus Cristo é o Senhor, para glória de Deus Pai".*
> (FILIPENSES 2.9-11)

Jesus, como Deus, já tinha tudo isso, mas como homem, ele teve de conquistar tudo isso, e o obteve por meio da humildade.

A lição deixada por Jesus é contundente: se ele, sendo Deus, humilhou a si mesmo, por que, como seres humanos, insistimos em querer nos exaltar acima dos outros? Por que persistimos em querer ser servidos? Por que temos fixação em querer ostentar superioridade, seja por questões de raça, de classe social, de gênero, de escolaridade etc.? Jesus torna todas essas pretensões humanas em algo inútil e sem sentido.

Se você ainda pensa "de si mesmo além do que convém" (Romanos 12.3), está na hora de repensar essa atitude, que não se ajusta ao caráter de Jesus. Lembre-se de que Deus exalta os humildes e rejeita os soberbos (Provérbios 29.23; 2Samuel 22.28; Mateus 23.12; Lucas 1.51-52; Tiago 4.6).

Não sejamos altivos. Lutemos com todas as nossas forças contra o pecado da soberba. Que o caráter humilde de Jesus impregne nossa alma e nos faça mais parecidos com ele (Romanos 8.29). Que as pessoas olhem para nós e reconheçam Jesus, que era "manso e humilde de coração" (Mateus 11.29). Apenas sendo como Jesus é que poderemos desfrutar de uma vida vitoriosa. Vale ou não vale a pena imitá-lo?

INICIATIVA

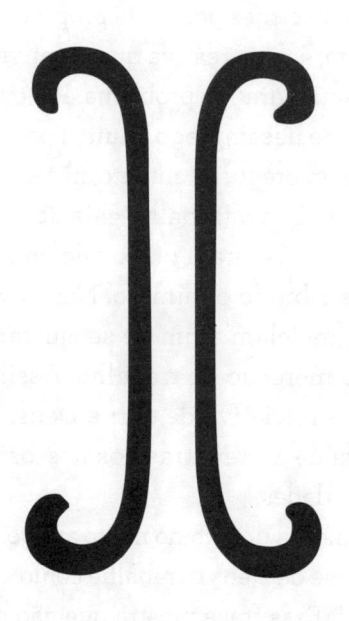

Tome a decisão de não ser a pessoa que apenas reage, mas a que toma a iniciativa.

JOHN C. MAXWELL

UMA VIDA CRISTÃ VITORIOSA exige uma tomada de iniciativa nossa para que as coisas aconteçam.

Define-se iniciativa como a "ação daquele que é o primeiro a propor e/ou a realizar qualquer coisa" ou como "traço de caráter que leva alguém a empreender alguma coisa ou tomar decisões por conta própria". A maioria das pessoas, porém, é mais reativa que proativa. Isso na vida cristã pode ser um grande problema. Por exemplo, diante do alto índice de desemprego, muitos pedem a Deus em oração por um emprego, no entanto, não saem para procurá-lo, e esperam que o trabalho caia do céu, como num passe de mágica. Esperam que o telefone toque sem ao menos ter distribuído o número. Não enviam currículos ou não se reciclam a fim de se ajustarem às novas demandas do mercado de trabalho. Assim fica difícil! Temos de ter a iniciativa de orar a Deus, mas também ter a iniciativa de correr atrás dos nossos sonhos e das nossas necessidades.

Isso nos remete a um ditado muito antigo: "Ore como se tudo dependesse de Deus e trabalhe como se tudo dependesse de você". Essa frase mostra que não devemos ficar esperando por uma resposta milagrosa dos céus para as nossas necessidades.

Lembre-se de Neemias, um judeu que vivia no castelo de Susã sob o domínio do imperador Artaxerxes. Ele era o copeiro real, aquele que provava a bebida do rei a fim de evitar que o monarca fosse envenenado. Certo dia, ele recebeu a visita de um dos seus irmãos e tomou a iniciativa de perguntar sobre como estava a cidade de Jerusalém. Em resposta, ouviu que os judeus estavam "em grande miséria e desprezo", que os muros de Jerusalém estavam derrubados, e seus portões, queimados (Neemias 1.1-3). Neemias chorou e lamentou por alguns dias, mas também orou a Deus e jejuou. Devido à sua iniciativa, o Senhor então lhe abriu as portas para conversar com o rei. Neemias expôs os problemas de sua terra, e recebeu do rei a tarefa de reerguer os muros e os portões de Jerusalém. E lá se foi, munido de autoridade real.

Enquanto Neemias tentava reconstruir os muros de Jerusalém, foi intimidado por muitos inimigos do seu povo, que ameaçavam interromper o trabalho. Mostrando o mesmo espírito de iniciativa, ele tomou uma atitude: "Porém nós oramos ao nosso Deus..." (Neemias 4.9). Bela atitude! Ele orou como se tudo dependesse de Deus. Mas não ficou só nisso. Neemias continuou:

> "...e pusemos uma guarda contra eles, de dia e de noite, por causa deles".
>
> (NEEMIAS 4.9)

Neemias não era apenas um homem de fé, mas também de ação. Ele também trabalhou como se tudo dependesse dele. Essa convergência entre nós e Deus é o segredo do sucesso para uma vida vitoriosa.

Essas observações nos levam a refletir nos seguintes pontos:

• Quem ora pelo pão de cada dia deve tomar a iniciativa de trabalhar por isso. A Bíblia diz isso de forma contundente:

> *"... se alguém não quiser trabalhar, não coma também".*
> (2TESSALONICENSES 3.10)

Se estiver desempregado, não pode ficar esperando que o emprego bata à porta, mas deve fazer tudo o que estiver ao seu alcance para mudar esse quadro, como dissemos inicialmente. O mesmo se aplica aos que almejam uma promoção ou um aumento salarial. Tal pessoa deve fazer cursos de aperfeiçoamento e reciclagem, e procurar aprimorar suas competências. Orar para manter a empregabilidade e não se atualizar ou acompanhar a evolução do mercado de trabalho de nada adiantará. Também não adianta ficar recitando o velho chavão de que "Deus capacita os chamados". Embora isso seja verdade, também é verdadeiro que "Deus chama os capacitados". Os apóstolos não eram coitadinhos. Entre eles havia empresários da pesca, e um deles era cobrador de impostos, que devia ser letrado por força da profissão. Depois, Deus chamou Paulo, que havia sido instruído em Jerusalém por Gamaliel e tinha cidadania romana, homem reconhecido por sua excelente formação acadêmica, sem mencionar Lucas, que era médico;

• Quem ora para não ser levado à tentação deve tomar a iniciativa de evitar se colocar em situação perigosa, como fez José do Egito, que fugiu do assédio da mulher de Potifar (Gênesis 39.6-12). Isso significa dizer não a material sexualmente estimulante, seja na Internet, nas bancas de jornal, na TV, ou nas piadas indecentes na roda dos ímpios. O mesmo se aplica às conversas impróprias nas redes sociais ou em aplicativos de encontros virtuais com quem não é seu cônjuge. Flertar dessa forma com o pecado é como ter um escorpião de estimação: na primeira oportunidade, ele inoculará o veneno que poderá ser fatal para seu casamento e para sua vida como um todo;

• Quem ora pela paz deve tomar a iniciativa de ter o cuidado em não ofender os outros, nem criar casos sem necessidade que favoreçam a desunião, como fofoca e maledicência. A Bíblia apresenta essa iniciativa no imperativo:

"Aparte-se do mal, e faça o bem; busque a paz, e siga-a";
(1PEDRO 3.11)

• Quem ora por sabedoria deve tomar a iniciativa de se entregar ao exercício da leitura da Bíblia e de publicações que nos ajudam a compreendê-la melhor (Tiago 1.5). Jesus disse que o Espírito Santo lhes ensinará "todas as coisas, e vos fará lembrar de tudo quanto vos tenho dito" (João 14.26). Mas, para lembrar, temos de ter o conteúdo pelo menos na mente. A iniciativa do estudo já antecipa esse trabalho do Espírito Santo em nós;

• Quem ora para manter ou salvar seu casamento deve tomar a iniciativa de cumprir os preceitos bíblicos de amor e respeito mútuo entre marido e mulher (Efésios 5.22-25). Um casamento deve ser regado a muito amor, carinho, compreensão, paciência, perdão, tolerância etc. Essas atitudes exigem iniciativa de nossa parte. Por exemplo, sobre o perdão, Jesus disse:

"Portanto, se trouxeres a tua oferta ao altar, e aí te lembrares de que teu irmão tem alguma coisa contra ti, deixa ali diante do altar a tua oferta, e vai reconciliar-te primeiro com teu irmão e, depois, vem e apresenta a tua oferta".
(MATEUS 5.23,24)

Os exemplos são muitos, mas a verdade é uma só: ponha sua fé em prática tomando a iniciativa de cooperar com Deus. Para ter uma vida cristã vitoriosa, ore como se tudo dependesse de Deus, e trabalhe como se isso dependesse de você. Simples assim!

JEJUM

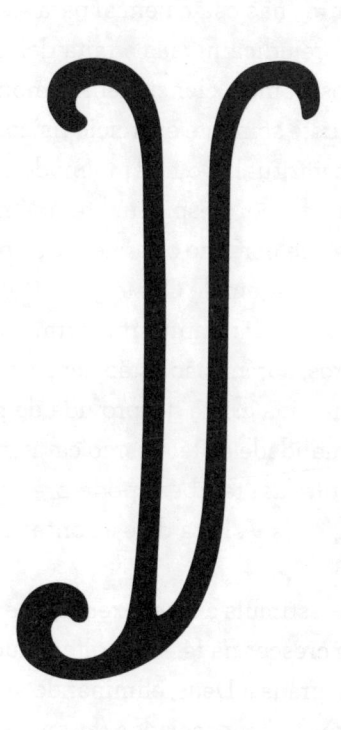

O jejum nos leva a estar em sintonia com Deus, e um dia de jejum nos dá a oportunidade de pôr de lado as coisas materiais, para que possamos desfrutar das mais altas qualidades espirituais.

HOWARD W. HUNTER

EXERCÍCIOS FAZEM BEM PARA A SAÚDE corporal e mental. O exercício físico tem o seu valor na vida de quem o pratica. Algumas pessoas dão muita importância ao exercício físico; outras não estão nem aí para eles. Em excesso, os exercícios prejudicam, mas a falta deles também tem seus malefícios, como a ciência tem demonstrado.

Mas não existe somente exercício físico. Há também o treinamento espiritual. Do mesmo modo como acontece com o exercício físico, o espiritual também faz bem para quem o pratica, melhorando o caráter cristão, aproximando o praticante da imagem de Cristo.

Muitos cristãos dão muita importância ao exercício espiritual; outros, porém, não estão nem aí para eles (e isso se reflete numa vida cristã desprovida de poder, prosperidade, espiritualidade e até mesmo caráter). Em excesso, o exercício espiritual também pode prejudicar, gerando fanáticos religiosos. A falta deles, contudo, também tem seus malefícios.

A Bíblia nos estimula a fazer exercícios espirituais para que possamos crescer na fé, no caráter, mudando em nós aquilo que desagrada a Deus, eliminando assim as "gordurinhas" e os "pneus" indesejados (falando-se em sentido figurado). E o jejum — ao lado da leitura e do estudo da Bíblia, da oração e do testemunho — é uma dessas práticas importantes para a nossa fé. O jejum nos aproxima mais de Deus e nos ensina o poder e a força da renúncia.

Esse poderoso exercício espiritual é mencionado tanto no Antigo quanto no Novo Testamento. A privação voluntária de alimentos pode ser total (a mais comum mencionada na Bíblia) quanto parcial. São mencionados até jejuns por períodos bem mais longos que o convencional, como o de 40 dias praticado por Moisés em duas ocasiões (Êxodo 34.28; Deuteronômio 9.9,18; 10.10), Elias (1Reis 19.7,8) e Jesus (Mateus 4.2; Lucas 4.1,2). Esses são jejuns excepcionais. Além desses, grandes homens e mulheres de Deus se valiam dessa prática, como Ester, que jejuou 3 dias (Ester 4.16), Davi, por 7 dias (2Samuel 12.16,17), e Daniel, por 21 dias (Daniel 10.1,2).

Jesus sempre falou favoravelmente dessa disciplina espiritual e até mesmo ensinou a forma correta de praticá-la, evitando o erros dos religiosos hipócritas:

"E, quando jejuardes, não vos mostreis contristados como os hipócritas; porque desfiguram os seus rostos, para que aos homens pareça que jejuam. Em verdade vos digo que já receberam o seu galardão. Tu, porém, quando jejuares, unge a tua cabeça, e lava o teu rosto, para não pareceres aos homens que jejuas, mas a teu Pai, que está em secreto; e teu Pai, que vê em secreto, te recompensará publicamente".

(MATEUS 6.16-18)

O jejum não deveria ser usado para passar a imagem fictícia de que se era piedoso; era preciso ser de fato piedoso e sincero para praticá-lo, e não apenas fingir sê-lo (a motivação errada para jejuar pode inviabilizar os efeitos positivos dessa prática). Jesus foi mais além ao mostrar que o jejum traz recompensas da parte de Deus, desde que realizado segundo a vontade do Senhor.

Em outra ocasião, Jesus mostrou que o jejum, aliado à oração, é também uma poderosa arma de guerra espiritual, capaz até de subjugar e expulsar castas específicas de demônios (Mateus 17.14-21).

A igreja primitiva, seguindo o exemplo de Jesus, deu continuidade a essa prática, como a igreja de Antioquia (Atos 13.2,3; 14.23). Isso põe por terra a falácia dos que dizem que o jejum não deve ser praticado pelos atuais discípulos do Senhor, pois essa prática teria vigorado apenas durante a dispensação da lei mosaica, que teria tido fim na morte sacrificial de Jesus. Mas a Bíblia não corrobora essa afirmação. Podemos dizer sem medo de errar que o jejum, como exercício espiritual, continua válido e deve ser incentivado tanto no plano coletivo quanto individual.

O mundo secular descobriu o valor do jejum. Existem até dietas que usam princípios científicos para mostrar como o jejum intermitente (a alternância de períodos de jejum com períodos de alimentação) é benéfico para a saúde da boa forma, afetando o corpo e o cérebro e ajudando as pessoas a viverem mais e melhor. Mas não precisamos da ciência para aderir à prática do jejum. A Bíblia é nossa fonte de informação.

Jejuar é um dos caminhos para se ter uma vida cristã vitoriosa. Quando jejuamos, o fazemos para o Senhor. É algo entre nós e ele. O jejum tem a ver com nossa vida espiritual. Assim como Daniel, podemos jejuar para buscar a vontade de Deus na tomada de certas decisões (Daniel 9.3). O jejum também é recomendado para momentos de aflição, contrição, quebrantamento, arrependimento e humilhação diante do Senhor (1Samuel 7.6; Salmos 35.13; Jonas 3.4-10). Aconselha-se também o jejum como arma de batalha espiritual para expulsar demônios, para libertação e proteção (Marcos 9.29). Podemos também jejuar em favor da obra de evangelização (Atos 13.2,3; 14.23); para buscar sabedoria, entendimento e direção da parte de Deus (Joel 2.12-18); para interceder por outras pessoas (Esdras 10.6); para buscar santificação, fé e plenitude do Espírito Santo; e por aí vai. As possibilidades são muitas.

Quando Jesus esteve jejuando, Satanás lhe fez a oferta de transformar pedras em pães, mas o Senhor o rechaçou com estas palavras:

"Nem só de pão viverá o homem, mas de toda a palavra que sai da boca de Deus".
(MATEUS 4.4)

Quando aprendemos a jejuar, aprendemos a depender da força e do poder do Senhor. Privamo-nos momentaneamente do que é material para dedicar mais tempo às coisas espirituais, e isso nos aproxima mais do Senhor e de sua vontade.

Especialmente nestes dias tecnológicos, a privação até então só de alimentos poder ser estendida para outras áreas, como o jejum do uso de celular, das redes sociais e da TV, que tanto ocupam o tempo das pessoas modernas. Muitos dizem não ter tempo de ler a Bíblia ou de se dedicar a atividades espirituais, mas têm tempo de sobra para se dedicar a essas outras atividades. Aprender a se privar desses itens mencionados pode ajudar as pessoas a revigorar sua vida espiritual, e uma vida espiritual vigorada no Senhor certamente produzirá vitórias em nossa jornada cristã. É certamente um "sacrifício vivo" que vale a pena ser praticado (Romanos 12.1).

Dedique esse tempo a Deus para se sintonizar mais com ele e descubra a importância do jejum para uma vida vitoriosa no Senhor. Ponha um pouco de lado as coisas materiais e busque com mais afinco as altas qualidades espirituais. Sua vida com Deus dará um salto inimaginável e você verá grandes atos da parte do Senhor em seu benefício e em favor daqueles a quem você tanto ama. Experimente e verá!

LIBERDADE

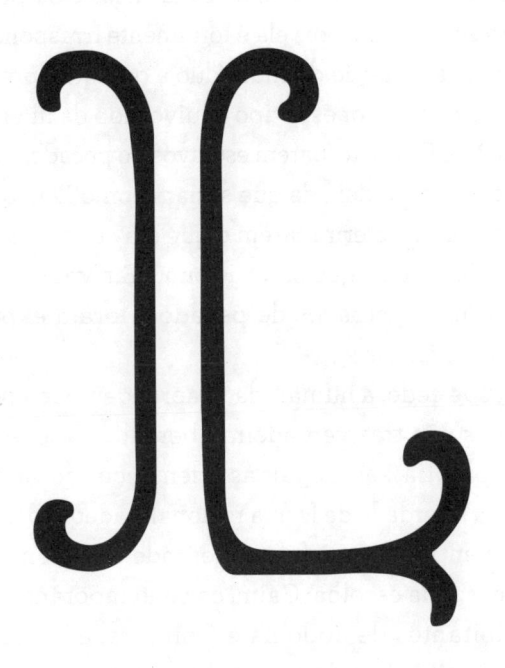

Há dois tipos de liberdade: a falsa, na qual o homem se sente livre para fazer o que bem entende; e a verdadeira, na qual o homem é livre para fazer o que deve ser feito.

CHARLES KINGSLEY

NÃO É DE HOJE QUE O SER HUMANO USA e abusa da palavra "liberdade". As pessoas, na condição de pecadoras, querem ser livres para fazer o que bem entendem sem sofrer nenhum tipo de consequência, nem por parte da lei dos homens nem da lei de Deus. Esse é o tipo de liberdade a ser evitada, pois ela é totalmente irresponsável e só pensa na satisfação do indivíduo a qualquer preço.

Foi o desejo por esse tipo equivocado de liberdade que fez Adão e Eva se tornarem escravos do pecado. O tiro saiu pela culatra. A ideia de que seriam como Deus, podendo eles próprios determinarem o que era certo e errado para a vida deles, foi o que os aprisionou. Em vez de liberdade, tornaram-se escravos do pecado e foram expulsos do paraíso (Gênesis 3).

Desde cedo, a humanidade aprendeu que viver longe de Deus não traz verdadeira liberdade. Querer agir por conta própria, sem seguir as orientações do Criador, não é usar a liberdade de forma racional e adequada. Todos os que se entregaram à falsa liberdade colheram os frutos pela péssima escolha: Caim, os contemporâneos de Noé, os habitantes de Sodoma e Gomorra, a esposa de Ló, Saul, Davi — quando cometeu adultério com Bate-Seba —, Salomão e tantos outros reis de Israel. Os exemplos são muitos. Dando um salto na História, chegamos à década de 1960, preconizada pela revolução sexual, motivada pelo surgimento da pílula anticoncepcional, em que se pregou o sexo livre e a ampla liberdade do indivíduo sobre o próprio corpo. De lá para cá, a fornicação em seus diversos níveis causou um aumento no número de crianças indesejadas, de abortos, de infecções sexualmente transmissíveis etc. A liberdade tão almejada os aprisionou ainda mais na prática do pecado desenfreado. Que triste fim!

É interessante que nos dias do apóstolo Paulo surgiu um discurso muito perigoso sobre a liberdade cristã. Baseando-se nesta premissa de Paulo: "à medida que o pecado aumentou, a graça se tornou ainda maior" (Romanos 5.20) alguns raciocinavam da seguinte forma: "Ora, se a graça se tornou ainda maior onde o pecado aumentou, então vamos pecar mais para que venha mais graça ainda". Que pensamento diabólico! Paulo fez referência a ele ao dizer: "Pois bem, devemos continuar pecando para que Deus mostre cada vez mais sua graça?". E o próprio apóstolo responde: "Claro que não!" (Romanos 6.1,2). Paulo desfez esse equívoco. Estar livres do poder do pecado por meio do sangue de Jesus não era um salvo-conduto para a prática do pecado. Jesus nos libertou do poder do pecado para nos tornarmos escravos dele. É o que Paulo diz em 1Coríntios 7.22. Jesus nos comprou com seu sangue. Então, estamos livres não para fazer o que bem entendemos, mas para fazer, pensar e viver o que o "único dominador e Senhor nosso" deseja (Judas 4).

Infelizmente, ainda existem alguns cristãos que se dizem "eleitos" e "predestinados" por Deus e que vivem como se pudessem pecar livremente, pois, afinal, irão para o céu de qualquer jeito, uma vez que foram predestinados por Deus antes da fundação do mundo. Mas isso não é ser livre. Os "eleitos" de Deus devem viver de acordo com o chamado celestial. Ser livre, de acordo com a Bíblia, é estar liberto do domínio do pecado, e uma vez livres desse domínio, temos de permanecer firmes para não nos deixarmos novamente escravizar:

"Estai, pois, firmes na liberdade com que Cristo nos libertou, e não torneis a colocar-vos debaixo do jugo da servidão".
(GÁLATAS 5.1)

Somos livres porque Jesus nos libertou:

"E conhecereis a verdade, e a verdade vos libertará. [...] Se, pois, o Filho vos libertar, verdadeiramente sereis livres".
(JOÃO 8.32,36)

Bendita liberdade! Não há mais condenação sobre nós. Somos verdadeiramente livres, como disse Paulo: "Portanto, agora nenhuma condenação há para os que estão em Cristo Jesus, que não andam segundo a carne, mas segundo o Espírito. Porque a lei do Espírito de vida, em Cristo Jesus, me livrou da lei do pecado e da morte" (Romanos 8.1,2);

Celebremos a nossa liberdade em Cristo!

Ainda que o mundo queira nos passar a ideia de que estamos perdendo algo na vida por obedecer a Deus e aos seus preceitos morais, nós não nos deixaremos escravizar por esse tipo de mentalidade diabólica. Já experimentamos a liberdade em Cristo, e somos livres para fazer o que deve ser feito, isto é, a vontade de Deus:

> *"Como livres, e não tendo a liberdade por cobertura da malícia, mas como servos de Deus".*
>
> (1PEDRO 2.16)

Quem é verdadeiramente livre em Cristo vai querer moldar a própria vida em conformidade com o padrão de comportamento de Jesus e querer ser mais parecido com ele. Quem é livre em Cristo sempre fará esta pergunta antes de realizar algo:

> *"O que Jesus faria no meu lugar?".*

Essa simples pergunta nos afastará de muitas encrencas e situações comprometedoras. Nossa identificação com Cristo nos proporcionará uma vida vitoriosa contra o mundo, a carne e o diabo. Livres, então, façamos o que deve ser feito. É o que o Senhor, que nos libertou, espera de nós.

MILAGRE

O milagre é o filho predileto da fé.

JOHANN GOETHE

VIVEMOS HOJE NUMA GERAÇÃO altamente incrédula. Nunca o número de indivíduos que se declaram ateus foi tão grande. A Internet está repleta de canais de ateísmo e agnosticismo. Os palestrantes mais aplaudidos são aqueles que se declaram descrentes de divindades e da fé religiosa. A prole que está se formando nesta era tecnológica está cada vez mais perdida e entregue aos pressupostos do pós-modernismo, que nega o sobrenatural.

O ser humano que se considera "pós-moderno" deve acreditar na ciência e deve peneirar todos os demais conhecimentos, incluindo o domínio da fé, pelo crivo da racionalidade científica.

Visto por essa ótica, os relatos da Bíblia são descritos como mitológicos ou explicados numa leitura figurativa e simbólica, mas nunca literal. A Bíblia se torna tão somente um livro de fé, e uma fé vista como antiquada — a fé de um povo que nada tem a ver com os dias contemporâneos. Negando-se as crenças da Bíblia, nega-se na sequência os seus valores morais. Assim, tudo passa a ser permitido: o adultério, a fornicação, o uso de drogas, o aborto etc.

O grande perigo é quando essa mentalidade invade o arraial evangélico. Infelizmente, muitos cristãos estão vivendo um cristianismo *light*, e tirando dele os elementos que lhe dão substância, como a crença em milagres.

Quando surgem relatos da ação sobrenatural de Deus, muitos dizem que esses relatos não passam de "armação", que foram forjados; e ainda existem os que, mesmo diante da comprovação de exames médicos de que a cura aconteceu, afirmam que essa tal "cura" foi psicossomática, isto é, da intervenção do pensamento sobre o corpo. Essas pessoas acreditam em tudo, menos na ação poderosa de Deus com sinais, portentos e maravilhas.

Lamentavelmente, ainda circula no meio evangélico a chamada "teologia cessacionista", que nega a realidade do dom dos milagres nos dias de hoje. Seus defensores dizem que os dons espirituais, sobretudo o de operar milagres e de falar em línguas, cessaram com a morte do último apóstolo, João. E como eles explicam os milagres e as línguas que acontecem nas igrejas pentecostais? Dizem que são qualquer outra coisa, menos a ação direta de Deus. Alegam que deve ser fingimento, ou o tal efeito psicossomático, ou fraude, ou ainda, pasmem, ação do próprio diabo! Que Deus nos livre de defender uma coisa dessas!

Ora, o cristão que se deixa levar por essa mentalidade ateísta (sim, negar milagres é coisa de ateu), mais cedo ou mais tarde vai acabar jogando a Bíblia fora, pois ela mesma é um milagre! Ela foi inspirada por Deus; foi entregue aos judeus, um povo pequeno que poderia ter sido facilmente vencido e destruído pelas grandes superpotências que passaram pelo seu caminho; foi escrita em material perecível; levou quase 1.500 anos para ser concluída; foi perseguida e queimada por ditadores; sofreu ataques de filósofos, cientistas e teólogos liberais; e ainda assim, ela sobreviveu e é o livro mais lido e distribuído em todo o mundo.

E se jogarem a Bíblia fora, terão de jogar também a ressurreição de Jesus, o maior milagre de todos e que atesta o poder de Deus sobre a morte, pois Jesus ressuscitou para jamais morrer — sua ressurreição foi em corpo glorificado, sobre o qual a morte jamais poderá passar sequer por perto. É esse milagre que sustenta o cristianismo, como disse o apóstolo Paulo:

> *"E, se Cristo não ressuscitou, é vã a vossa fé, e ainda permaneceis nos vossos pecados".*
> (1CORÍNTIOS 15.17)

Tudo acabaria sem a crença em milagres: a fé, a esperança e o amor.

Não é à toa que se veem muitos crentes doentes e enfermos na fé, vivendo uma vida de derrota e entregues ao pecado. Também pudera! Se não acreditam que Deus realiza mais milagres, então não poderão pedir um milagre para a própria vida. Resultado: abrem brecha para que Satanás faça a festa e rodopie sobre sua incredulidade. Billy Graham chegou a dizer: "Toda vez que o homem pensa em navegar para longe de Deus, o diabo tem sempre um barco pronto".

Quando falo de milagres, não me refiro exclusivamente à ressurreição de mortos, à cura de paralíticos e enfermidades em geral, mas também à transformação de caráter, à mudança radical de vida de alguém, aquelas às quais nos referimos como "mudar da água para o vinho" (aliás, um dos muitos milagres realizados por Jesus). Deus pode tirar, e tira, pessoas da penúria, da miséria, do crack, de todo e qualquer tipo de vício, por mais enraizado que esteja, pois ele é o Deus que cura (Êxodo 15.26). Ele é o Deus de milagres portentosos. As palavras do salmista continuam sendo verdadeiras:

"Tu és o Deus que fazes maravilhas; tu fizeste notória a tua força entre os povos".
(SALMOS 77.14)

"Acima de tudo, Deus não muda. Ele é o mesmo ontem, hoje e para sempre".
(HEBREUS 13.8; TIAGO 1.17)

"Ele é o Deus para quem todas as coisas são possíveis".
(MATEUS 19.26)

Acreditar que o Deus de milagres continua a agir neste mundo é um bálsamo de esperança e de alívio. Sem essa crença, podemos nos afundar em problemas graves, para os quais há solução da parte de Deus. Mesmo que existam falsos milagres espalhados por aí, eles não devem nos fazer desacreditar dos verdadeiros, do mesmo modo que as notas falsas de dinheiro não devem nos fazer desacreditar da existência de notas verdadeiras.

Deus pode transformar sua vida radicalmente. Ele pode curar sua enfermidade. Ele pode reverter a desgraça em felicidade. Ele pode restaurar seu casamento. Ele pode restaurar sua alegria de viver. Ele pode tudo o que for da vontade soberana dele. Ele é o Senhor. Creia nisso! Acreditar em milagres é professar a crença no Deus dos milagres. Acreditar no amor e no poder desse Deus é a chave para uma vida feliz e vitoriosa. Por isso, creia no milagre, o filho predileto da fé.

NOVIDADE DE VIDA

Uma pessoa pode ir à igreja duas vezes por dia, participar da ceia do Senhor, orar em particular o máximo que puder, assistir a todos os cultos e ouvir muitos sermões, ler todos os livros que existem sobre Cristo. Mas ainda assim tem que nascer de novo.

JOHN WESLEY

O ASSUNTO "NOVIDADE DE VIDA" é recorrente nas Escrituras. Tudo começa quando a mensagem do evangelho é pregada, pois a fé vem pelo ouvir a Palavra de Deus. Uma vez ministrada pelo Espírito Santo, essa palavra vai gerar arrependimento no pecador (Romanos 10.17; João 16.8; Atos 2.38). "Arrependimento" vem de uma palavra grega que significa "mudar de rumo", "converter-se". O termo implica mudança real, e uma mudança para melhor, que envolve a mente e os propósitos do indivíduo. Ao se reconhecer pecador e carente da graça de Deus, o indivíduo é transportado das trevas para o reino do Filho Amado (Colossenses 1.13). Os que estavam mortos passam a viver em Cristo Jesus (Efésios 2.1-6) e se tornam uma nova criatura (Gálatas 6.15; 2Coríntios 5.17).

Na condição de nova criatura, recriada em Cristo, a pessoa deve seguir este mandamento:

"De sorte que fomos sepultados com ele pelo batismo na morte; para que, como Cristo foi ressuscitado dentre os mortos, pela glória do Pai, assim andemos nós também em novidade de vida".
(ROMANOS 6.4)

Isso quer dizer que devemos viver uma vida de acordo com os padrões daquele nos salvou, isto é, viver em novidade de vida. Quem é salvo por Deus deve viver um estilo de vida que agrada ao Salvador e que se conforma à imagem de Jesus (Romanos 8.29).

Essa nova vida é processada em dois níveis. Em primeiro lugar, no interior:

> *"Que, quanto ao trato passado, vos despojeis do velho homem, que se corrompe pelas concupiscências do engano; e vos renoveis no espírito da vossa mente; e vos revistais do novo homem, que segundo Deus é criado em verdadeira justiça e santidade".*
> (EFÉSIOS 4.22-24)

Mas como saber se nos tornamos realmente essa nova pessoa com essa nova natureza? A resposta é simples: o que acontece no interior tem de ser percebido e observado no segundo nível, o exterior. Isso quer dizer que a mudança que Deus efetuou dentro de nós deve se refletir em nosso caráter, no nosso modo de agir, de falar, no trato com o próximo, na vida em família, na educação de filhos, no trabalho, nos negócios, na vida em comunidade, na visão de mundo etc.

Infelizmente, muitos cristãos ainda vivem como se não fossem novas criaturas e se recusam a mudar, a andar de acordo com essa nova vida em Cristo. Sentem-se confortáveis em seu pecado pessoal e não contemplam a beleza de crescer e desabrochar na vida cristã em santificação e honra (1Tessalonicenses 4:4). Mas a mudança diária e constante deve fazer parte da natureza da vida cristã. Fomos chamados, segundo o apóstolo Paulo, para sermos transformados pela renovação da nossa mente, para experimentarmos a boa, agradável e perfeita vontade de Deus (Romanos 12.2).

Andar em novidade de vida é um mandamento, e não um ponto facultativo de nossa vida em Cristo. Andar em novidade de vida é mais do que ir à igreja, orar e ler a Bíblia. Tudo isso é importante e faz parte dessa nova vida, mas é algo que deve brotar do nosso desejo interior de agradar a Deus. Fazemos tudo isso como sinal de gratidão pelo que ele fez inicialmente por nós, e não para comprar o seu favor, pois isso não pode ser feito. Ainda que venhamos a falhar vez ou outra, não teremos prazer em viver longe da vontade de Deus. Sempre seremos impulsionados pelo Espírito a voltar a conformar nossa vida à imagem de Cristo.

Temos de nos esforçar para o grande desafio que é andar em novidade de vida. Nas palavras de Paulo, temos de desenvolver nossa salvação. De que forma fazemos isso? Eis o que disse o apóstolo: "De sorte que, meus amados, assim como sempre obedecestes, não só na minha presença, mas muito mais agora na minha ausência, assim também operai a vossa salvação com temor e tremor" (Filipenses 2.12).

Nós fomos salvos do poder do pecado, estamos sendo salvos dos efeitos do pecado e seremos completamente salvos da presença do pecado. Cristo nos conferiu a salvação e espera que nós a desenvolvamos em novidade de vida.

A história de Zaqueu nos aponta este caminho: quem teve um encontro pessoal com Cristo e nasceu de novo não ficará indiferente às exigências de Cristo de viver em novidade de vida (Lucas 19.1-10). Zaqueu era um coletor de impostos corrupto, um judeu que explorava o seu povo em nome do Império Romano. Mas o encontro com Jesus o transformou — de avarento, ele tornou-se generoso, e de ladrão (fraudador), tornou-se um doador. O que aconteceu internamente foi refletido exteriormente. Zaqueu desenvolveu sua salvação com temor e tremor. Em razão da mudança, Jesus disse:

"Hoje veio a salvação a esta casa...".
(LUCAS 19.9)

Jesus associou "salvação" a mudança de vida. Zaqueu aprendeu a dividir (repartir) e a encarar as consequências de seus atos antes de conhecer Jesus.

Tudo isso deve nos levar a refletir em como anda a nossa vida. Temos manifestado por nosso modo de viver que Cristo nos salvou? Ou temos agido com alguém que nunca recebeu a salvação? Lembremo-nos de que a fé sem obras é morta (Tiago 2.17). Quem teve um encontro com

Cristo não pode viver indiferente às exigências de Cristo nos evangelhos. O mundo não quer discursos vazios sobre Cristo e que o proclamemos da boca para fora; as pessoas querem e precisam ver Cristo em nós. Somos, nos dizeres de Paulo:

> *"Vós sois a nossa carta, escrita em nossos corações, conhecida e lida por todos os homens".*
> (2CORÍNTIOS 3.2)

Que "todos os homens" possam ler a nossa vida e achar lá embaixo a assinatura de Jesus. Uma vida vitoriosa deve refletir em ações que revelem que andamos em novidade de vida, que andamos com Jesus.

ORAÇÃO

*A oração é simplesmente um diálogo
entre você e Deus.*

BILLY GRAHAM

ESSE É, DE LONGE, UM DOS MAIORES segredos para uma vida de sucesso. A oração é um dos melhores exercícios vivenciais de intimidade com Deus. Ela revela o nosso grau de relacionamento com o Criador.

A oração nada mais é que um diálogo entre duas pessoas íntimas: nós e Deus. Essa intimidade pressupõe que a conversa será franca, pois não temos nada para esconder daquele que nos ouve. Com Deus, nossas conversas podem ser abertas, sinceras e sem máscaras. Diante dele estamos completamente desnudos. Podemos ser nós mesmos.

Esse é o tipo de relacionamento que Deus preza e deseja manter conosco. No entanto, nem todos conseguem esse grau de intimidade com o Senhor. Para muita gente, é bem difícil ser tão autêntico e expansivo diante do Criador. Isso talvez seja fruto de nossa criação. Há os que foram criados em lares sem pais ou os que, mesmo os tendo, não tinham um bom relacionamento de afetividade e aproximação. Isso geralmente resulta em adultos que não sabem dialogar de forma íntima e honesta sobre seus próprios sonhos e suas dificuldades pessoais. Para essas pessoas, abrir-se até mesmo com Deus é um grande desafio. As palavras parecem não soar de forma natural, e, vez ou outra, alguns se pegam usando chavões ou expressões que ouviram simplesmente de outras orações. Elas usam "orações pré-moldadas" ou "orações em série". Se esse desafio, contudo, não for vencido, a vida próspera e abundante não será uma realidade na vida desses indivíduos.

A única forma de nos tornarmos íntimos de Deus é realmente dialogando com ele, e conversando da forma mais natural possível. Isso pode levar um certo tempo. Talvez tenhamos de aprender ou reaprender a falar com o nosso Pai celestial. Em certa ocasião, os discípulos pediram a Jesus: "Senhor, ensina-nos a orar" (Lucas 11.1). Sim, é possível aprender a conversar com Deus. Jesus forneceu os elementos básicos do que mencionar em uma oração. Ele tocou nos pontos essenciais. A partir desses pontos, podemos incrementar as nossas conversas com Deus.

Quem se dispuser a aprender a orar não precisará vivenciar aquele vácuo comum entre duas pessoas que não sabem o que dizer para continuar a conversação — algo, aliás, bem constrangedor. Até mesmo nessa hora, nós contamos com a ajuda do Espírito Santo:

"E da mesma maneira também o Espírito ajuda as nossas fraquezas; porque não sabemos o que havemos de pedir como convém, mas o mesmo Espírito intercede por nós com gemidos inexprimíveis".
(ROMANOS 8.26)

Para nos ajudar, podemos recorrer às orações da Bíblia, que foram inspiradas pelo Espírito Santo. O maior livro da Bíblia em quantidade de orações é o de Salmos. Então, que tal orar as orações desse livro? Esse exercício pode aumentar nosso vocabulário espiritual e facilitar nossas orações com Deus, tornando-as mais ricas em conteúdo e em tempo.

Por exemplo, inspirando-nos no Salmo 1, podemos dizer ao Senhor: "Ó Deus, eu não quero seguir o caminho dos ímpios nem me assentar na roda dos zombadores. Livra-me das más companhias. Dá-me forças para dizer não àqueles que reconhecidamente querem me levar para longe da tua vontade. Que os meus amigos sejam também teus amigos. Aliás, Senhor, estou precisando de mais amigos que te amem e que possam me ajudar a ser mais feliz e a produzir frutos, prosperando na fé. Afasta de mim os "amigos" ímpios e que tentam me levar para o mau caminho. Que eu ande com os justos, cujas palavras refletem a tua vontade e o teu querer. Quero amigos que ajudem a regar a minha fé, fazendo florescer mais e mais".

Esse é um singelo exemplo. As palavras do salmista podem nos servir de inspiração, ajudando-nos a orar de forma mais eficaz. Toda ajuda nesse sentido é certamente bem-vinda.

Aprenda a direcionar suas conversas com Deus, seja em orações de ação de graças, de súplica, de petição ou intercessão. Se hoje suas orações não passam de um minuto, talvez com o passar do tempo você consiga orar quinze minutos; depois, trinta; em seguida, uma hora; e com o tempo, até mais. Tudo isso vai depender do momento e do seu grau de intimidade com o Senhor.

Lembre-se de que a oração é um exercício espiritual. Pratique-o mais e você verá mais resultados, não apenas no uso das palavras, mas também resultados práticos e concretos em sua vida; uma vida de mais intimidade.

PODER

A maior necessidade de nossos dias é o poder do alto.

CHARLES FINNEY

CERTA OCASIÃO JESUS SE DEPAROU com um teste intelectual lançado pelos saduceus, um partido religioso e político judaico. A intenção deles era desmoralizar Jesus como Mestre. O assunto em pauta era a ressurreição dos mortos, algo no qual eles não acreditavam; aliás, os saduceus não criam em praticamente nada que fosse sobrenatural (anjos, céu, inferno etc.). Jesus então revela que o grande problema dos saduceus se resume a dois pontos:

"Errais, não conhecendo as Escrituras, nem o poder de Deus".
(MATEUS 22.29)

O tempo passou desde que Jesus disse essas palavras, mas ainda encontramos pessoas como os saduceus que não conhecem as Escrituras nem o poder de Deus. Em termos espirituais, esse é um caso terminal. Quem consegue sobreviver na fé e ter uma vida vitoriosa sem esses dois elementos? Eles são o ponto de equilíbrio de uma fé viva e ativa. Não se pode desprezar a verdade da Palavra nem as manifestações sobrenaturais do poder de Deus. Essas duas coisas são indissociáveis e absolutamente necessárias.

Lamentavelmente, a vida de muitos cristãos não gira em torno desses dois elementos simultaneamente, mas apenas de um. Há os cristãos da Palavra, que vivem estudando a Bíblia e a sabem de cor e salteado, mas que são extremamente racionais. Muitos deles negam a ação sobrenatural de Deus e tentam achar explicações para tudo à luz da razão. Eles gostam simplesmente de estudar a Bíblia como se estuda um bom livro de literatura, mas não experimentam o poder de Deus. Eles não têm experiências sobrenaturais com o Senhor. Seguindo esse caminho, muitos passaram a negar os milagres do Antigo e do Novo Testamento, como o nascimento virginal de Jesus, a multiplicação dos pães ou a própria ressurreição dos mortos, incluindo a de Jesus. E ainda há aqueles que creem nessas doutrinas, mas que negam o poder sobrenatural de Deus na atualidade, afirmando que Deus só manifestou seu poder na igreja na era apostólica, e que os dons sobrenaturais de milagres, línguas e profecias desapareceram. São os chamados "cessacionistas" (da palavra "cessar", "acabar", "findar").

Do outro lado, há os que creem no poder de Deus, mas não estudam as Escrituras; são crentes que vivem de profecia em profecia, que não param de ler a famosa "caixinha de promessas", com versículos bíblicos de automotivação. Não é errado ter "caixinha de promessas", mas também devemos ter a "caixinha de responsabilidades". Temos as duas coisas da parte de Deus. Não podemos desprezar nenhuma de suas promessas, mas também não podemos menosprezar as responsabilidades que ele nos delegou, como a de pregar o evangelho, fazer discípulos e viver dignamente no mundo (Mateus 28.19-20). Embora seja mais fácil viver só de promessas, não fomos chamados apenas para isso. A frase bíblica predileta dessas pessoas é: "... a letra mata e o espírito vivifica" (2Coríntios 3.6).

Mas a letra que mata não é a Bíblia, mas a letra da lei mosaica, da qual Cristo nos libertou. Ele cumpriu a lei em nosso lugar, e agora temos de viver sob a Lei de Cristo.

Temos de ser crentes da Palavra e do Poder. Essa é uma promessa de Jesus para seus discípulos:

> *"Mas recebereis o poder do Espírito Santo, que há de vir sobre vós; e ser-me-eis testemunhas, tanto em Jerusalém como em toda a Judeia e Samaria, e até aos confins da terra".*
> (ATOS 1.8)

Sem Poder não podemos realizar a obra para a qual fomos designados. A manifestação do poder de Deus no meio da igreja gera espanto e glorifica o nome do Senhor, como declarou o apóstolo Paulo: "Se, pois, toda a igreja se congregar num lugar, e todos falarem em línguas, e entrarem indoutos ou infiéis, não dirão porventura que estais loucos? Mas, se todos profetizarem, e algum indouto ou infiel entrar, de todos é convencido, de todos é julgado. E, portanto, os segredos do seu coração ficam manifestos, e assim, lançando-se sobre o seu rosto, adorará a Deus, publicando que Deus está verdadeiramente entre vós" (1Coríntios 14.23-25).

Portanto, falar em línguas é um sinal não para os que creem, mas para os descrentes. A profecia, contudo, é para os que creem, e não para os descrentes. Ainda assim, se descrentes ou pessoas que não entendem essas coisas entrarem na reunião de sua igreja e ouvirem todos falarem em línguas, pensarão que vocês são loucos. Mas, se todos vocês estiverem profetizando e descrentes ou pessoas que não entendem essas coisas entrarem na reunião, serão convencidos do pecado e julgados por aquilo que vocês disserem. Ao ouvirem, os pensamentos secretos deles serão revelados, e eles cairão de joelhos e adorarão a Deus, declarando:

"Deus está verdadeiramente entre vós".
(1CORÍNTIOS 14.22-25)

Esta geração já tem conhecimento até demais. Falta-lhe realmente ver o mover de Deus no meio da sua igreja. Por isso, busque e peça a Deus os dons sobrenaturais do Espírito Santo. Sua vida espiritual nunca mais será a mesma. Junte a Palavra e o poder de Deus e você verá o que é ter uma vida vitoriosa no Senhor!

QUERER

Querer é humano; querer o que é mau é próprio da natureza decaída, mas querer o que é bom é próprio da graça.

JOÃO CALVINO

O QUERER É UMA DAS MAIS PODEROSAS forças humanas. Deus nos dotou com uma capacidade extraordinária: a de escolher entre o bem e o mal. Em outras palavras, ele nos deu o livre-arbítrio, a possibilidade de tomar decisões, de fazer escolhas em função da nossa própria vontade. Não fomos criados como os robôs ou os animais, que agem por condicionamento, motivo ou causa determinante. A causa do nosso agir é o nosso querer.

No entanto, a primeira vez em que os primeiros representantes da humanidade — Adão e Eva — foram postos diante de uma decisão importante, eles fizeram a pior das escolhas: decidiram desobedecer ao Criador e comer do fruto proibido (Gênesis 3). Péssima escolha! E nós, como seus filhos e herdeiros genéticos, colhemos os frutos dessa decisão amarga (Romanos 5.12).

Apesar disso, não nos foi tirada a capacidade de escolha. Ainda temos o livre-arbítrio, embora este seja fortemente influenciado pelo pecado. O apóstolo Paulo fez menção a isso ao dizer: "Acho então esta lei em mim, que, quando quero fazer o bem, o mal está comigo. Porque, segundo o homem interior, tenho prazer na lei de Deus; mas vejo nos meus membros outra lei, que batalha contra a lei do meu entendimento, e me prende debaixo da lei do pecado que está nos meus membros" (Romanos 7.21-23)

Diante dessa realidade, Paulo exclama:

"Miserável homem que eu sou!".

(ROMANOS 7.24)

Quando tudo parece ter perdido a esperança, ele traz um alento:

> *"Quem me livrará do corpo desta morte? Dou graças a Deus por Jesus Cristo nosso Senhor. Assim que eu mesmo com o entendimento sirvo à lei de Deus, mas com a carne à lei do pecado".*
> (ROMANOS 7.24-25)

Tradicionalmente, afirma-se que travamos uma guerra constante contra três inimigos: o mundo, o diabo e a carne. As palavras de Paulo aplicam-se a esse último elemento. O mundo e o diabo são inimigos externos, mas a carne é um inimigo interno. Isso quer dizer que fazer as melhores escolhas ainda é um desafio enorme. Se sem o poder do pecado, Adão e Eva fizeram a escolha ruim, imagine para nós que somos pecadores! O pecado é um entrave para que possamos fazer boas escolhas. Mas é justamente aí que entra a graça de Deus: quanto mais nos enchermos da graça, mais capacitaremos nosso homem interior a vencer a luta contra o pecado que habita em nós.

Estamos em constante estado de guerra espiritual e há inimigos fora e dentro de nós. Por isso, não podemos afrouxar a guarda. Temos de estar de prontidão em nossa mente. É vital que nos lembremos sempre destas palavras de Jesus:

> *"Vigiai e orai, para que não entreis em tentação; na verdade, o espírito está pronto, mas a carne é fraca".*
> (MATEUS 26.41)

A decisão agora é nossa: podemos escolher entre vigiar e orar ou relaxar a guarda e não buscar a ajuda de Deus em oração.

Muitos crentes estão vivendo uma vida de derrota espiritual e perdendo a luta contra o mundo, a carne e o diabo porque escolheram alimentar mais a natureza pecaminosa que a espiritual, mais o velho homem (a velha natureza) que o "novo homem [a nova natureza], que segundo Deus é criado em verdadeira justiça e santidade" (Efésios 4.24). Nessa batalha, ganha o homem mais alimentado, o mais exercitado. Qual deles você tem alimentado? A resposta a essa pergunta determinará as chances de sua vitória.

Todos nós conhecemos histórias de cristãos, entre ovelhas e pastores, que caíram em pecado. Antes, eram pessoas altamente espirituais, que liam a Bíblia, tinham um excelente testemunho, eram exemplo de uma fé viva, de um amor altruísta e uma esperança aparentemente inquebrantável no Senhor, mas que, pelo visto, de uma hora para outra, sucumbiram ao poder do pecado. Isso acontece porque muitos vivem como se estivem em constante estado de paz, e não de guerra espiritual. Afrouxaram a guarda e, sem perceber, foram rodeados pelos inimigos. Quando se deram conta, já era tarde: os portões já haviam sido derrubados e as muralhas ruíram. A próspera vida espiritual que levavam desmoronou como as muralhas de Jericó, e o que restou não passava de pó e cinzas.

Na luta contra o pecado que habita em nós, o querer é uma peça fundamental e uma mola propulsora poderosa. A Bíblia deixa isso bem claro:

> *"Ninguém, sendo tentado, diga: De Deus sou tentado; porque Deus não pode ser tentado pelo mal, e a ninguém tenta. Mas cada um é tentado, quando atraído e engodado pela sua própria concupiscência. Depois, havendo a concupiscência concebido, dá à luz o pecado; e o pecado, sendo consumado, gera a morte".*
> (TIAGO 1.13-15)

Não adianta jogar a culpa nos inimigos. Temos de assumir nossa parte nas derrotas. Esse é o primeiro passo para retomar as rédeas de nossa vida espiritual e voltar para o campo de batalha. Uma derrota ou outra não significa o fim. Portões podem ser refeitos e muralhas podem ser reerguidas. Mas se você escolher ficar prostrado e com medo dos inimigos, como voltará para o campo de batalha? Tome a decisão de se levantar no Senhor. Afinal, como se diz por aí: "O cair é do homem; o levantar é de Deus". Busque-o e ele o renovará:

"Mas os que esperam no Senhor renovarão as forças, subirão com asas como águias; correrão, e não se cansarão; caminharão, e não se fatigarão".
(ISAÍAS 40.31)

Numa guerra dessas proporções, podemos sofrer aqui e acolá algumas derrotas. Mesmo assim, não podemos nos desanimar a ponto de desfalecermos. Temos de confiar na promessa da Palavra:

"Mas graças a Deus que nos dá a vitória por nosso Senhor Jesus Cristo".
(1CORÍNTIOS 15.57)

Podemos perder batalhas, mas não a guerra final. Use bem o seu livre-arbítrio. Ore, vigie, leia a Palavra, e busque o poder do Espírito Santo. Vista-se da armadura completa de Deus (Efésios 6.10-19). Ninguém poderá forçar você a fazer essas coisas. Deus não obriga ninguém a nada. Ele põe diante de nós a decisão, mas deixa a escolha a nosso critério:

"Os céus e a terra tomo hoje por testemunhas contra vós, de que te tenho proposto a vida e a morte, a bênção e a maldição; escolhe pois a vida, para que vivas, tu e a tua descendência, amando ao SENHOR teu Deus, dando ouvidos à sua voz, e achegando-te a ele; pois ele é a tua vida, e o prolongamento dos teus dias; para que fiques na terra que o SENHOR jurou a teus pais, a Abraão, a Isaque, e a Jacó, que lhes havia de dar".
(DEUTERONÔMIO 30.19,20)

Alinhe a sua vontade com a vontade de Deus e tenha uma vida próspera e vitoriosa. Ele garante a vitória, mas a escolha ainda é sua. Então, faça a melhor escolha: fique do lado certo, tome uma firme posição ao lado do Senhor. Revista-se de sua graça e de seu poder.

RAZÃO

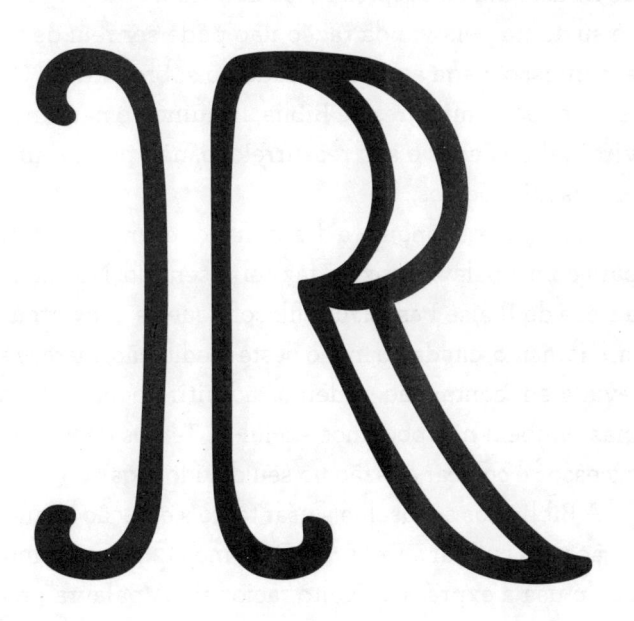

*Dois excessos a evitar: excluir a razão e
admitir apenas a razão.*

BLAISE PASCAL

A PALAVRA "RAZÃO" às vezes gera incômodo em alguns cristãos. Muitos nutrem desconfiança com essa palavra. E não é para menos. O Racionalismo — sistema filosófico que privilegia a razão como meio de conhecimento e explicação da realidade — opõem-se à fé e à Palavra revelada de Deus. Para os adeptos dessa doutrina, tudo o que não se sustenta pela via da razão não pode ser real de fato, e, com isso, nega a possibilidade do sobrenatural. Com isso, todos os milagres da Bíblia, incluindo o nascimento virginal de Jesus e sua ressurreição, não passariam de contos mitológicos.

Visto por esse ângulo, a desconfiança de muitos cristãos para com a palavra "razão" faz certo sentido. No entanto, a frase de Blaise Pascal, um filósofo que se converteu ao cristianismo, citada no início desta meditação, merece ser levada em conta: não podemos admitir apenas a razão, mas também não podemos exclui-la. Temos de evitar os excessos e colocar a razão no seu devido lugar.

A Bíblia nos aconselha a usar tanto a emoção quanto a razão para cultuar a Deus. Em Romanos 12.1, por exemplo, Paulo usa a expressão "culto racional". A palavra grega utilizada para traduzir essa expressão é *logiken*. Se você pensou na palavra "lógica", fez a associação correta. Esse termo aponta para um culto conforme o bom senso, que decorre ou procede de acordo com uma ordem normal, e essa ordem é determinada por Deus: "Essa é a verdadeira forma de adorá-lo". Nessa ordem ou lógica, temos de oferecer a Deus o nosso corpo em sacrifício vivo, santo e agradável. Trata-se de uma devoção irrestrita, integral e incondicional. Todo o nosso ser é entregue para o serviço a Deus. Isso é o razoável. Jesus confirma isso ao citar o maior dos mandamentos:

> *"Amarás, pois, ao Senhor teu Deus de todo o teu coração, e de toda a tua alma, e de todo o teu entendimento, e de todas as tuas forças...".*
>
> (MARCOS 12.30)

O coração, a alma, a mente (o entendimento) e as forças devem estar todos conjuntamente a serviço de Deus. Um culto completo envolve coração e mente, emotividade e racionalidade.

À luz dessas considerações, precisamos evitar os excessos dos cristãos tanto da ala emocional quanto os da ala racional.

Os cristãos que privilegiam a emoção em detrimento da razão exaltam demais os momentos de êxtase e euforia no Espírito Santo, de cânticos, palmas e danças na presença do Senhor, como se não precisássemos de mais nada, nem mesmo da pregação da Palavra.

Já os cristãos que privilegiam a razão em detrimento da emoção tendem a achar os momentos de alegria e descontração no culto coisa de fanático, e não conseguem enxergar o mover de Deus entre o seu povo, produzindo grande êxtase e estado de intensa alegria, despreocupação, otimismo e bem-estar emocional e espiritual. Eles não conseguem sentir que naquele momento o céu e a terra estão em comunhão. Se dependesse deles, o culto seria apenas racional, com leitura e exposição da Palavra, com cânticos contidos e que não levassem o crente a se mover; há até aqueles que nem admitem palmas para não quebrar a reverência do culto.

Ora, em nosso culto a Deus, tudo deve estar em harmonia: nossas emoções e nossa razão. Devemos pensar na Palavra que ouvimos e sentir o mover de Deus dentro de nós, e se tivermos de chorar, vamos chorar; se tivermos de nos alegrar efusivamente no Espírito, vamos nos alegrar; se tivermos de bater palmas, vamos bater. Aliás, o salmista nos convida a isso:

"Batei palmas, todos os povos; aclamai a Deus com voz de triunfo".

(SALMOS 47.1)

Em Apocalipse 7.9,10, João vê pessoas que formavam uma grande multidão e que "clamavam com *grande voz*" dizendo:

"Salvação ao nosso Deus, que está assentado no trono, e ao Cordeiro".

Esse certamente não era um culto silencioso. Reverência não é o mesmo que ficar quieto e imóvel diante de Deus. Podemos bater palmas ao Senhor e dançar com reverência diante dele e para ele. Um culto racional não precisa renunciar a elementos que envolvem o corpo. O salmista mesmo disse:

> *"Louvem o seu nome com danças".*
> (SALMOS 149.3)

Quem vai à casa de Deus e sente em sua mente e em seu coração a presença do Senhor certamente levará esses momentos de louvor e adoração para a sua casa, o seu trabalho, o seu ambiente escolar etc. Um culto alegre e efusivo nos enche de prazer e transforma nossa vida espiritual. Uma vida cristã de sucesso é motivada pela emoção e pela razão, desde que tanto uma quanto a outra sejam usadas para cultuar verdadeiramente a Deus.

SANTIDADE

Santos sem santidade são a tragédia do cristianismo.

A. W. TOZER

A ERA EM QUE VIVEMOS é extremamente permissiva com a carnalidade. O Brasil respira libertinagem por todos os lados, sobretudo no período do Carnaval, a festa da carne, em que pessoas afrontam a moral, a decência e os bons costumes em plena luz do dia, com o consentimento e o financiamento das instituições públicas. Vale tudo para a satisfação da carne, e depois, despudoramente, muitas dessas pessoas vão às missas na Quarta-Feira de Cinzas para se purgar de seus pecados praticados deliberadamente, como se um punhado de cinzas fosse o bastante para liberá-las para uma vida desregrada.

Infelizmente, muitas igrejas não pregam mais sobre o pecado e suas tristes consequências. Aliás, muitas hoje são extremamente tolerantes com o pecado. Há igrejas que recebem de braços abertos os que foram excluídos de outras igrejas sérias e que insistem em viver um estilo de vida que não é condizente com o cristianismo. Elas pregam algo do tipo: "Venham como estão e continuem a viver do jeito que vocês bem entendem. Deus ama vocês e ele não se importa se vocês não realizam a vontade dele no que diz respeito à santidade do sexo e do matrimônio".

À luz da Bíblia podemos afirmar que é mais do que certo que Jesus jamais apoiaria a mensagem dessas ditas igrejas, como disse o apóstolo Paulo:

"Porque as obras da carne são manifestas, as quais são: adultério, fornicação, impureza, lascívia, [...] bebedices,

> *glutonarias, e coisas semelhantes a estas, acerca das quais vos declaro, como já antes vos disse, que os que cometem tais coisas não herdarão o reino de Deus".*

(GÁLATAS 5.19-21)

A narrativa da mulher pega em flagrante de adultério deixa isso bem claro. Embora Jesus não a tivesse condenado, isto é, autorizado que ela fosse apedrejada conforme determinava a lei de Moisés, ele lhe disse em tom amoroso, porém firme:

> *"... vai-te, e não peques mais".*

(JOÃO 8.11).

Em outras palavras: Você não pode continuar vivendo do mesmo jeito que tem vivido até agora. Vá e viva uma vida santa e piedosa.

Santos sem santidade são realmente uma tragédia, como afirmou Aiden Wilson Tozer, um dos mais profundos pensadores teológicos do século 20, e note que ele disse isso entre os anos de 1950 e 1960! Deus levou Tozer em 1963 sem que ele tivesse a infelicidade de presenciar o que vemos atualmente: crentes que acessam pornografia na Internet, que acham a fornicação algo natural, que não veem problema em casos extraconjugais, e que banalizam o casamento e a santidade do sexo. O que Tozer diria se estivesse vivo hoje?

Em vez de os cristãos influenciarem o mundo com sua santidade, o mundo tem influenciado muitos cristãos com sua mundanidade, o que tem levado esses cativos a uma vida de derrocada espiritual. Isso precisa acabar!

O único jeito de reduzir esses estragos é continuar pregando a antiga e ao mesmo tempo atual mensagem bíblica sobre o arrependimento diário e a santidade de vida:

"O Senhor não retarda a sua promessa, ainda que alguns a têm por tardia; mas é longânimo para conosco, não querendo que alguns se percam, senão que todos venham a arrepender-se. [...] Havendo, pois, de perecer todas estas coisas, que pessoas vos convém ser em santo trato, e piedade, aguardando, e apressando-vos para a vinda do dia de Deus, em que os céus, em fogo se desfarão, e os elementos, ardendo, se fundirão?...".

(2PEDRO 3.9,11,12)

Mais do que nunca, precisamos de cristãos que levem a sério o sagrado compromisso de viver um estilo santo e piedoso de vida. Esta é uma exigência da qual Deus não abre mão para o seu povo:

> *"Como filhos obedientes, não vos conformando com as concupiscências que antes havia em vossa ignorância; mas, como é santo aquele que vos chamou, sede vós também santos em toda a vossa maneira de viver; porquanto está escrito: 'Sede santos, porque eu sou santo'".*
> (1PEDRO 1.14-16)

Deus não nivela suas exigências por baixo. O padrão dele é altíssimo:

"Sede santos, porque EU SOU SANTO".

E ainda há quem diga de forma equivocada que Deus não faz exigências de alto nível. Ainda que seja humanamente impossível atingir esse padrão, o fato é que Deus é o nosso paradigma, o nosso modelo de santidade. Assim, todo esforço nesse sentido valerá a pena. O crente que vive em "santo trato e piedade" experimentará o poder sobrenatural de Deus em sua vida, sendo transformado "de glória em glória" à imagem gloriosa do Senhor pela obra santificadora do Espírito Santo (2Coríntios 3.18).

Faça comigo esta oração:

"Senhor, vivemos num tempo de impiedade, em que os teus valores não são mais prezados. O mundo quer nos empurrar para um estilo de vida bem diferente daquele que preparaste para nós. Que meditemos na tua Palavra e levemos a sério o que significa viver "em santo trato e piedade". Não é fácil seguir tuas exigências. Tem misericórdia de nós quando deixamos de cumprir o teu querer em nossa vida. Fortalece-nos, Pai Amado, para que possamos viver como Jesus viveu, agir como ele agiu, falar como ele falou. Que, em tudo, nossa vida seja um fiel testemunho do teu poder neste mundo decadente. Em nome de Jesus, amém!".

TESTEMUNHO

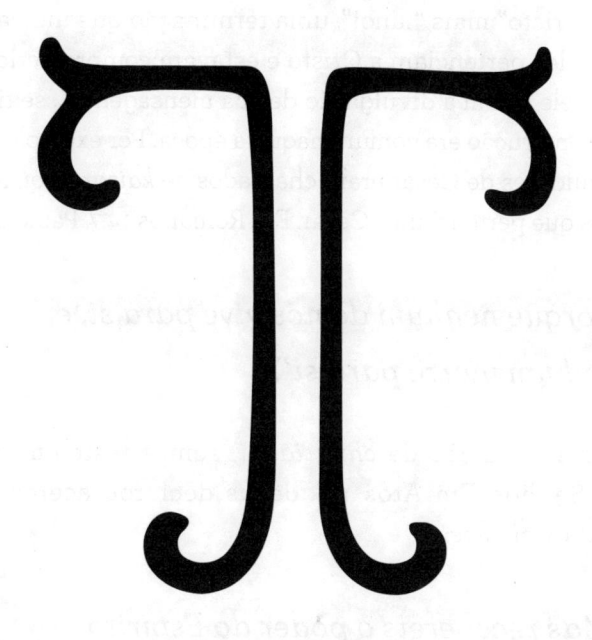

Tenha cuidado para que a sua vida não transcorra contrário ao testemunho de sua boca.

AGOSTINHO DE HIPONA

O POVO DE DEUS É CHAMADO de "cristão". Esse nome é uma identificação clara para o mundo acerca do nosso compromisso com Cristo. Os discípulos foram chamados assim pela primeira vez na cidade de Antioquia (Atos 11.26). A palavra grega é *christianoi* (cristãos), uma junção de "Cristo" mais "ianoi", uma terminação que indicava que eles pertenciam a Cristo e estavam comprometidos com ele e com a divulgação de sua mensagem. Esse tipo de construção era comum naquela época. Por exemplo, os seguidores de César eram chamados de *kaisarianoi*, isto é, os que pertenciam a César. Em Romanos 14.7, Paulo diz:

"Porque nenhum de nós vive para si, e nenhum morre para si".

Na condição de *christianoi*, somos testemunhas do Senhor. Em Atos 1.8, Jesus declarou acerca de seus discípulos:

"Mas recebereis o poder do Espírito Santo, que há de vir sobre vós; e ser-me-eis testemunhas, *tanto em Jerusalém como em toda a Judeia e Samaria, e até aos confins da terra".*

Ser reconhecido como testemunha de Jesus é uma responsabilidade enorme. A palavra "testemunha" tem um significado duplo: refere-se tanto a quem presenciou um ato ou acontecimento como a quem apresenta um testemunho no qual defende ou anuncia um conjunto de ideias ou princípios, uma causa, um fato ou acontecimento.

Tudo isso se aplica a nós como testemunhas de Jesus. Mas não somos testemunhas que apresentam apenas palavras; testemunhamos também — e acima de tudo — com ações. Nós somos "cartas" vivas nas quais o mundo pode ler o poder transformador do Senhor (2Coríntios 3.1-3). Somos a prova viva do seu poder regenerador. Ao escrever aos coríntios, Paulo menciona uma lista de pecadores, a quem chamou de "injustos":

> *"Não sabeis que os injustos não hão de herdar o reino de Deus? Não erreis: nem os fornicadores, nem os idólatras, nem os adúlteros, nem os efeminados, nem os sodomitas, nem os ladrões, nem os avarentos, nem os bêbados, nem os maldizentes, nem os roubadores herdarão o reino de Deus".*
>
> (1CORÍNTIOS 6.9,10)

Na sequência, ele destaca algo extraordinário:

> *"E é o que alguns têm sido; mas haveis sido lavados, mas haveis sido santificados, mas haveis sido justificados em nome do Senhor Jesus, e pelo Espírito do nosso Deus".*
> (1CORÍNTIOS 6.11)

O maior testemunho que um cristão pode apresentar ao mundo é o que Jesus fez em sua vida — como era antes e como se tornou depois que o Senhor se revelou a ele. Uma coisa é dizer: "Jesus transforma", outra bem diferente é dizer: "Jesus me transformou. Antes eu era assim e assado, e hoje sou uma nova criatura (Gálatas 6.15; 2Coríntios 5.17). Antes eu era mundano e filho da ira, mas hoje sou filho de Deus e resido nas regiões celestiais em Cristo Jesus (Efésios 2). Estou sendo conformado a cada dia à imagem do Filho de Deus (Romanos 8.29). Jesus mudou minha posição diante de Deus (transferiu-me das trevas para a luz — Colossenses 1.13) e, com isso, mudou meu caráter, minha visão de mundo, meus valores e conceitos".

Que testemunho poderoso, não é mesmo? Todos nós, os que fomos salvos por Jesus, temos autoridade em seu nome para dar testemunho dessas coisas.

Esse testemunho, portanto, não é algo a ser feito da boca para fora e levianamente. Jesus e sua ação em nossa vida devem ser reais. Tomemos cuidado para não nos encaixarmos nestas palavras de Jesus acerca de seus compatriotas judeus:

> *"Este povo honra-me com os lábios, mas o seu coração está longe de mim".*
> (MARCOS 7.6)

Nosso testemunho de vida não pode contradizer o testemunho de nossa boca. Esse era precisamente o problema dos fariseus dos dias de Jesus. Eles fingiam uma vida piedosa com Deus a fim de parecerem justos perante os homens, mas não eram realmente piedosos por dentro. Por isso, Jesus lhes lançou em rosto duras e verdadeiras palavras:

> *"Assim também vós exteriormente pareceis justos aos homens, mas interiormente estais cheios de hipocrisia e de iniquidade".*
> (MATEUS 23.28; LEIA TODA A SEÇÃO: 23.2-35)

Segundo o apóstolo Paulo, os homens de nossos dias seriam como os fariseus: "Sabe, porém, isto: que nos últimos dias sobrevirão tempos trabalhosos. Porque haverá homens amantes de si mesmos, avarentos, presunçosos, soberbos, blasfemos [...] ingratos, profanos [...]. Tendo aparência de piedade, mas negando a eficácia dela." (2Timóteo 3.1,2,5).

E ele termina, dizendo:

"Destes afasta-te".
(2TIMÓTEO 3.5)

Não queremos ser esses de quem se deve fugir, que cheiram a hipocrisia e morte. Queremos, sim, exalar em nosso testemunho de vida "o bom perfume de Cristo" (2Coríntios 2.15). Por isso, viva o que você testemunha e testemunhe o que você vive. Só assim desfrutaremos de uma vida cristã realmente vitoriosa no Senhor, tributando-lhe "glória, e honra, e poder" (Apocalipse 4.11).

UNÇÃO

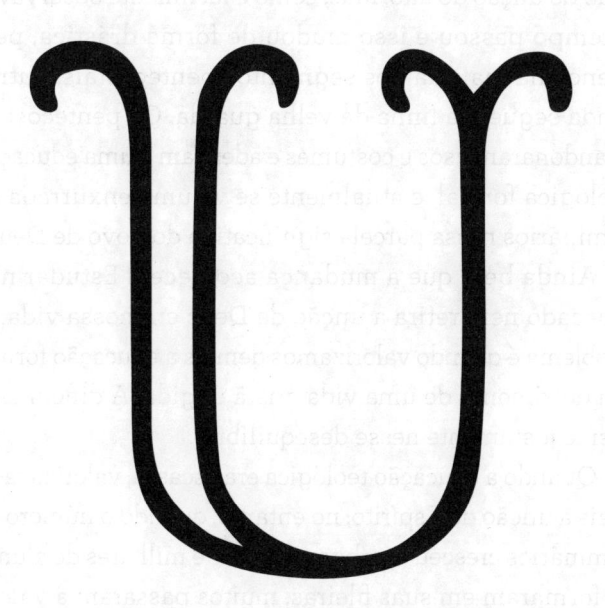

Precisamos de unção espiritual extraordinária e não de poder intelectual extraordinário.

CHARLES HADDON SPURGEON

ANTIGAMENTE, NO BRASIL, os pentecostais não eram muito a favor da formação teológica. Diziam que um obreiro se fazia com joelhos dobrados e unção do Espírito Santo, não sentado numa carteira de um seminário teológico para depois de quatro anos exibir um diploma desprovido de unção do alto. Mas, como é facilmente observável, o tempo passou e isso mudou de forma drástica, pelo menos na maioria dos segmentos pentecostais; outros ainda seguem a linha da velha guarda. Os pentecostais abandonaram usos e costumes e aderiram a uma educação teológica formal, e atualmente se vê uma enxurrada de seminários nessa parcela significativa do povo de Deus.

Ainda bem que a mudança aconteceu. Estudar não é pecado nem retira a unção de Deus em nossa vida. O problema é quando valorizamos demais a educação formal em detrimento de uma vida cristã ungida. A dificuldade reside justamente nesse desequilíbrio.

Quando a educação teológica era escassa, valorizava-se mais a unção do Espírito; no entanto, quando o número de seminários cresceu exorbitantemente e milhares de alunos se formaram em suas fileiras, muitos passaram a valorizar mais a formação intelectual que a formação espiritual, como se a primeira fosse mais poderosa.

Ora, educação teológica formal confere conhecimento, aumento intelectual — e tudo isso é muito bem-vindo, claro —, mas não confere poder. Um diploma de bacharel, mestre ou doutor em teologia não garante a unção do alto. Hoje, há muitos bacharéis, mestres, doutores e pós-doutores espalhados por aí, mas que não demonstram a unção de

Deus na vida deles. Alguns são bastante racionalistas e até mesmo meio céticos para com milagres e manifestações sobrenaturais do Espírito Santo. Eles "conhecem" o poder de Deus intelectualmente, à luz do que leem nas Escrituras, mas não o conhecem vivencialmente, na prática, na experiência. Eles não experenciam Salmos 34.8:

*"Provai, e vede que o S*ENHOR *é bom".*

No geral, esses estudiosos racionalizam todas as experiências que vivenciam. Eles têm certo receio de espiritualizar alguns acontecimentos. Eles são acadêmicos da Palavra, mas não crentes do poder. Infelizmente, alguns poucos até mesmo andam envolvidos em escândalos, pois não cuidam de sua vida de oração e relativizam o pecado. Quando uma igreja fica aos cuidados desses intelectualistas, no geral elas não crescem numericamente, até porque eles dizem que o mais importante é o crescimento qualitativo. Que justificativa mais furada! Quando 120 discípulos de Jesus receberam o poder do Espírito Santo, o que aconteceu? Veja o que diz a Bíblia:

"... e naquele dia agregaram-se quase três mil almas".

(ATOS 2.41)

Após outro sermão de Pedro, o autor sagrado afirma:

"Muitos, porém, dos que ouviram a palavra creram, e chegou o número desses homens a quase cinco mil".
(ATOS 4.4)

O crescimento era vertiginoso:

"E a multidão dos que criam no Senhor, tanto homens como mulheres, crescia cada vez mais".
(ATOS 5.14)

A igreja não parava de crescer:

"E crescia a palavra de Deus, e em Jerusalém se multiplicava muito o número dos discípulos, e grande parte dos sacerdotes obedecia à fé".
(ATOS 6.7)

Paulo chegou a afirmar:

> *"Porventura não ouviram? Sim, por certo, pois por toda a terra saiu a voz deles, e as suas palavras até aos confins do mundo".*
> (ROMANOS 10.18)

A impressão é a de que os discípulos se esparramaram mundo afora.

Do outro lado da trincheira, a ala da igreja evangélica que mais cresce e produz frutos é aquela que privilegia a unção poderosa de Deus por meio do Espírito Santo, mas sem negar o valor do conhecimento bíblico-teológico. O ideal é que tenhamos líderes com boa formação intelectual, mas também que sejam cheios do poder do Espírito Santo de Deus. Nas palavras de Charles Haddon Spurgeon, considerado "o príncipe dos pregadores", precisamos de unção espiritual extraordinária e não de poder intelectual extraordinário. Entre um e outro, a primazia é da unção, do poder de Deus que opera maravilhas por meio do vaso escolhido.

O apóstolo Paulo era um intelectual no judaísmo de sua época. Ele teve como mestre um baluarte do intelectualismo judaico:

> *"Quanto a mim, sou judeu, nascido em Tarso da Cilícia, e nesta cidade criado aos pés de Gamaliel, instruído conforme a verdade da lei de nossos pais, zeloso de Deus, como todos vós hoje sois".*
> (ATOS 22.3)

Em Filipenses 3, ele cita o que fazia dele um judeu exemplar, incluindo sua formação, e conclui com estas palavras:

> *"Mas o que para mim era ganho reputei-o perda por Cristo. E, na verdade, tenho também por perda todas as coisas, pela excelência do conhecimento de Cristo Jesus, meu Senhor; pelo qual sofri a perda de todas estas coisas, e as considero como escória, para que possa ganhar a Cristo, e seja achado nele, não tendo a minha justiça que vem da lei, mas a que vem pela fé em Cristo, a saber, a justiça que vem de Deus pela fé".*
> (FILIPENSES 3.7-9)

Mesmo com todo o seu saber intelectual, Paulo era um homem cheio de unção. Ele falava em línguas estranhas, embora preferisse instruir outros na condição de mestre (1Coríntios 14.18,19). O apóstolo dos gentios até mesmo relatou que tinha "visões e revelações do Senhor", tendo sido "arrebatado ao terceiro céu", e completa que...

"Foi arrebatado ao paraíso; e ouviu palavras inefáveis, que ao homem não é lícito falar".
(2CORÍNTIOS 12.1,2,4)

A unção de Deus em Paulo o levou também a realizar muitos milagres (Atos 13.10,11; 14.8-10; 15.12; 20.1-12; 28.7-9), mas uma passagem em especial é muito rica:

"E Deus pelas mãos de Paulo fazia maravilhas extraordinárias. De sorte que até os lenços e aventais se levavam do seu corpo aos enfermos, e as enfermidades fugiam deles, e os espíritos malignos saíam".
(ATOS 19.11,12)

Paulo tinha tanta unção de Deus que até mesmo o que ele tocava e pertencesse a um enfermo ou endemoniado surtia poderoso efeito. É dessa unção que ainda precisamos, mas sem renunciar ao conhecimento, que também é importante e edifica o povo de Deus (Efésios 4.11-17). Felizmente, Deus é sempre o mesmo, e continua a derramar de sua unção entre o seu povo. A igreja pelo mundo ainda presencia milagres e manifestações poderosas do poder de Deus entre o seu povo escolhido.

Deus nos ungiu para pregar sua Palavra, para confessar seu nome, para salvar vidas, para realizar milagres, sinais e maravilhas, para derrotar o diabo e os poderes das trevas e para reinar com Cristo sobre toda a criação. A formação intelectual aliada à unção de Deus nos conferirá, como conferiu a Paulo, uma vida vitoriosa no Senhor.

VERDADE

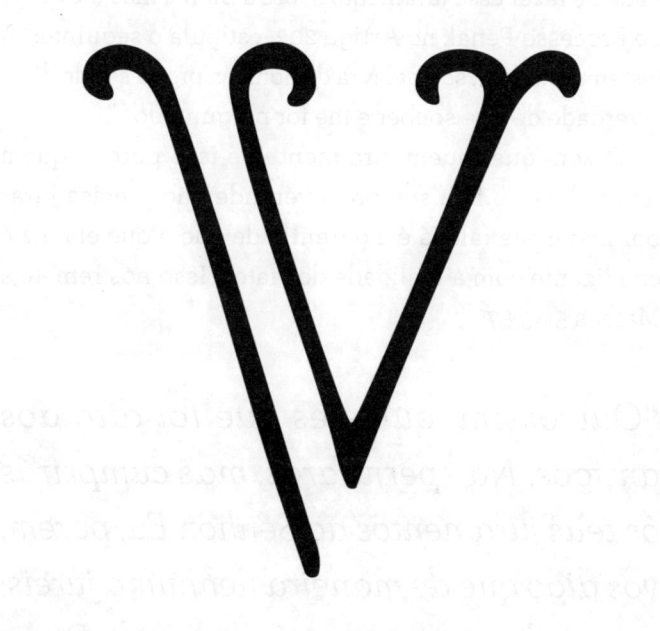

Nosso grande problema é o tráfico de verdades não vividas. Tentamos comunicar o que nunca experimentamos em nossa vida.

DWIGHT L. MOODY

É COMUM EM FILMES AMBIENTADOS em tribunais americanos que os depoentes (réus e testemunhas de acusação e defesa) façam um juramento sobre a Bíblia e prometam que vão dizer "a verdade, nada mais do que a verdade". Nos tribunais brasileiros não existe a necessidade de fazer esse juramento sobre a Bíblia, mas o Código de Processo Penal, no Artigo 203, estipula o seguinte: "A testemunha fará, sob palavra de honra, a promessa de dizer a verdade do que souber e lhe for perguntado...".

Dizem que "quem jura mente", e isso porque quem tem palavra e fala sempre a verdade não precisa jurar por nada; sua fala já é a garantia de que o que ela diz é condizente com a realidade dos fatos. Isso nos remete a Mateus 5.33-37:

"Outrossim, ouvistes que foi dito aos antigos: Não perjurarás, mas cumprirás os teus juramentos ao Senhor. Eu, porém, vos digo que de maneira nenhuma jureis; nem pelo céu, porque é o trono de Deus; nem pela terra, porque é o escabelo de seus pés; nem por Jerusalém, porque é a cidade do grande Rei; nem jurarás pela tua cabeça, porque não podes tornar um cabelo branco ou preto. Seja, porém, o

vosso falar: Sim, sim; não, não; porque o que passa disto é procedente do mal".

O cristão tem de ser conhecido por sua lisura: quando ele disser "sim", é sim; quando disser "não", é não e pronto. Simples assim. Essa conduta faz parte da ética e da moralidade cristã. Falar a verdade é uma virtude e uma obrigação. Para os cristãos, isso é muito mais sério, e a exigência de dizer a verdade é bem mais acentuada.

A mentira é deplorável por si só, e tem um elemento agravante:

"Quando ele [o diabo] profere mentira, fala do que lhe é próprio, porque é mentiroso, e pai da mentira".
(JOÃO 8.44)

A mentira origina-se no diabo. Para Jesus, então, quem mente é "filho do diabo".

Um cristão que é nascido de novo e tornou-se uma "nova criatura" em Cristo Jesus não pode deliberadamente querer imitar o "pai de mentira". Devido à presença do "Espírito de verdade" que habita em nós (João 14.17), não desejamos correr o risco de nos parecermos com o pai das trevas; antes, nosso objetivo é refletir o "Pai das luzes" (Tiago 1.17), pois somos "filhos da luz e filhos do dia" (1Tessalonicenses 5.5). Em decorrência dessa verdade, o Senhor nos chamou para ser "a luz do mundo" (Mateus 5.14).

Como cristãos, devemos viver sob a ética da Palavra de Deus, que condena a mentira e exige de nós o compromisso com a verdade:

"Por isso deixai a mentira, e falai a verdade cada um com o seu próximo; porque somos membros uns dos outros".
(EFÉSIOS 4.25; VEJA TAMBÉM SALMOS 7.14; 119.163; PROVÉRBIOS 30.8; 1JOÃO 2.21)

Essas orientações e advertências da Bíblia objetivam nos conduzir a usufruir uma vida livre de mentiras, não importa a forma como sejam apresentadas, mesmo que envoltas em um invólucro aparentemente "inocente" (o chamado "jeitinho brasileiro"), como nestes exemplos a seguir:

• Colar numa prova;
• Inventar competências num currículo;
• Dizer a alguém "Estou perto", quando se está longe, ou "Já saí de casa", quando nem abriu a porta da residência;
• Esquivar-se de um compromisso com algo do tipo: "Sinto muito! Já tenho compromisso", quando, na verdade, não tem (qual o problema de dizer a verdade?);
• Pedir reembolso a mais usando informações fraudadas em notas fiscais, ainda que a diferença seja de mísero um real;

- Sonegar o Imposto de Renda ao declarar menos do que recebeu, ao reduzir o valor de imóvel comprado ou então apresentar informações falsas para obter restituição;
- Passar a imagem de dizimista fiel, quando, na verdade, reteve para si aquilo que é de fato direito do Senhor, à semelhança de Ananias e Safira, que venderam um terreno e disseram ter repassado o valor total para a igreja, quando, na verdade, retiraram parte da venda (Atos 5.1-11). Eles até poderiam ter ficado com uma parte, pois era um direito deles. O problema foi mentir a fim de conquistar respeitabilidade com os apóstolos;
- Negar que tenha visto uma chamada pelo celular ou uma mensagem de WhatsApp com a desculpa (mentira): "A bateria acabou". E há aqueles casos em que se leva alguém a mentir, como quando um pai diz receber uma ligação telefônica que não deseja atender, e pede para o filho dizer: "Diz que não estou", ou algo parecido; além de mentir, ainda dá um péssimo exemplo ao filho, que verá na mentira algo justificável. Patrões também fazem isso por meio de suas secretárias ou de outros funcionários. Lembre-se de que se alguém mente por você também mentirá para você;
- Contar vantagem nas redes sociais a fim de ostentar ou vender uma imagem que não corresponde à realidade.

O número de mentiras é infindável. Não caia na mentira dos que dizem que a mentira só se torna danosa quando vira um hábito ou é usada para prejudicar o outro. Essa falácia (um raciocínio falso que simula a verdade) equivale a dizer que roubar só se torna nocivo quando vira um hábito ou é usado para prejudicar outros. Nesse caso, que mal haveria levar clipes, canetas, folhas ou outros itens do trabalho? Mas ainda que você tenha feito isso uma única vez e não tenha levado seu patrão à falência, isso é roubo de qualquer maneira. Não existe "roubinho", assim como não existe "mentirinha". Dê nome ao pecado e diga não a ele.

Para desfrutar de uma vida vitoriosa em Cristo, precisamos sempre suplicar a Deus:

> *"Afasta de mim a vaidade e a palavra mentirosa".*
> (PROVÉRBIOS 30.8)

XIBOLETE

*A língua é o chicote do corpo,
pois o calado vence.*

DITADO POPULAR

A BÍBLIA RELATA em Juízes 12.1-6 uma história bastante curiosa envolvendo a linguagem e que ocorreu no período do juiz Jefté. Houve um sério desentendimento entre israelitas de Gileade e de Efraim, o que gerou uma guerra civil. Os efraimitas que estavam nas terras dos gileaditas tentaram fugir através do rio Jordão, que dava acesso a Efraim, mas os gileaditas bloquearam a passagem e ficaram a postos para impedir que os fugitivos escapassem, e pensaram numa armadilha linguística para evitar que algum efraimita se passasse por habitante de outra região. Assim, quando chegava um efraimita tentando atravessar o Jordão, eles perguntavam: "És tu efraimita?". Se a resposta fosse "não", então se pedia para o indivíduo falar a palavra *shibōleth*, "espiga" em hebraico, com o som inicial de "xi" (xibolete).[1] Acontece que um efraimita não conseguia pronunciar o "xi" de jeito nenhum, e sempre dizia "si"; então, em vez de "xibolete", entregava-se pronunciando *sibōleth* (sibolete). Segundo o autor sagrado, essa armadilha linguística ceifou a vida de 42 mil efraimitas.

Esse trágico relato nos mostra os problemas relacionados com a comunicação verbal. A língua pode ser realmente perigosa e mortal. Com ela podemos ferir o nosso próximo e a nós mesmos. Quantos de nós já não dissemos coisas das quais nos arrependemos amargamente, não é mesmo? A Bíblia confirma essa verdade:

---

1 Embora as versões da Bíblia em português tragam a palavra "chibolete", os dicionários e o *Vocabulário Ortográfico da Língua Portuguesa* (Volp) consignam "xibote", razão pela qual optamos por usar a palavra com "x" em vez de "ch".

"Porque todos tropeçamos em muitas coisas. Se alguém não tropeça em palavra, o tal é perfeito, e poderoso para também refrear todo o corpo".
(TIAGO 3.2)

Por isso, todo cuidado com o que falamos e como falamos é pouco, como afirma um antigo provérbio chinês:

"Há três coisas que nunca voltam atrás: a flecha lançada, a palavra pronunciada e a oportunidade perdida".

Uma vida de sucesso, um casamento, uma amizade ou outro relacionamento qualquer pode ser arruinado por uma simples palavra dita no calor do momento. A mídia vez por outra noticia casos de alguém do meio artístico que disse algo indevido e cuja fala teve uma repercussão tão negativa que o indivíduo perdeu patrocinadores, seguidores e quase teve a carreira destruída.

Os consultórios de psicologia e os gabinetes pastorais estão lotados de adultos que até hoje ainda sentem os reflexos negativos daquilo que ouviram na infância: "Você não presta para nada", "Você não vale o que come", "Você não tem futuro mesmo", "Você é uma desgraça", e por aí vai. Essas pessoas cresceram com essas palavras de maldição na cabeça e não conseguem deslanchar na vida, seja pessoal, seja profissional, seja espiritual. O pior é que a maioria dessas frases veio de pessoas que deveriam demonstrar amor e incentivo, como os pais. Não custa lembrar que as nossas palavras têm poder, tanto de edificar quanto de derrubar.

O poder mortífero da língua pode ser visto nestas palavras da Bíblia: "Assim também a língua é um pequeno membro, e gloria-se de grandes coisas. Vede quão grande bosque um pequeno fogo incendeia. A língua também é um fogo; como mundo de iniquidade, a língua está posta entre os nossos membros, e contamina todo o corpo, e inflama o curso da natureza, e é inflamada pelo inferno. Porque toda a natureza, tanto de bestas feras como de aves, tanto de répteis como de animais do mar, se amansa e foi domada pela natureza humana; mas nenhum homem pode domar a língua. É um mal que não se pode refrear; está cheia de peçonha mortal. Com ela bendizemos a Deus e Pai, e com ela amaldiçoamos os homens, feitos à semelhança de Deus. De uma mesma boca procede bênção e maldição. Meus irmãos, não convém que isto se faça assim" (Tiago 3.5-10).

Não há como discordar dessas palavras. Sabemos por experiência própria como elas são verdadeiras. A língua é arma poderosa e perigosa. A fim de evitarmos estragos em nossa vida e na vida do nosso próximo por causa do uso prejudicial da língua, temos de aprender a domá-la e a usá-la corretamente à luz da Palavra de Deus. Para isso, temos de levar a sério o que a Bíblia diz a respeito desse assunto. Preste atenção nestes conselhos vitais:

"Porque quem quer amar a vida, e ver os dias bons, refreie a sua língua do mal, e os seus lábios não falem engano".
(1PEDRO 3.10)

"A vossa palavra seja sempre agradável, temperada com sal, para que saibais como vos convém responder a cada um".
(COLOSSENSES 4.6)

Se muitas pessoas hoje estão doentes pelo que ouviram no passado, que você lhes traga a cura com palavras doces e de estímulo, pois...

"... a língua dos sábios é saúde".
(PROVÉRBIOS 12.18)

Chegará o dia em que todos nós usaremos a língua para um propósito grandioso:

> *"E toda a língua confesse que Jesus Cristo é o Senhor, para glória de Deus Pai".*
> (FILIPENSES 2.11)

Se você começar a fazer isso agora mesmo, estará dando os passos necessários para uma vida vitoriosa, que trará bênçãos para si mesmo e para o próximo e, acima de tudo, glória para o nome de Deus.

ZELO

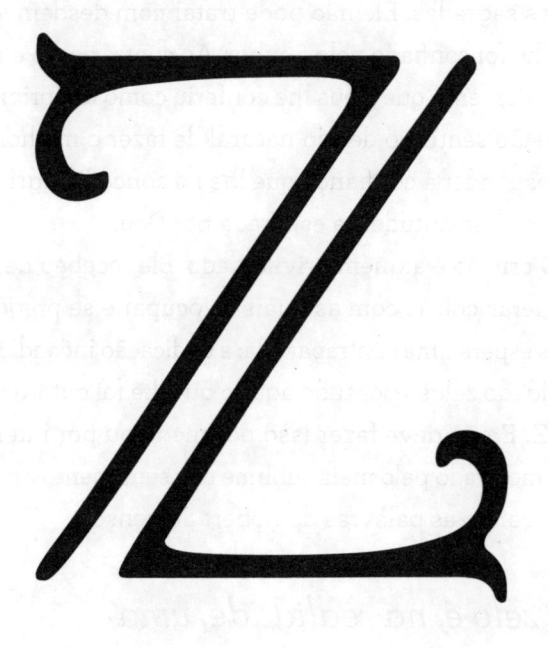

O zelo é, na realidade, uma consequência do amor.

ROBERT LOUIS STEVENSON

ZELO SIGNIFICA CUIDADO e preocupação que se dedica a alguém ou algo; é afeição intensa e disposição enérgica aplicada na realização de uma tarefa, um dever ou uma obrigação religiosa.

Quem professa a fé em Jesus tem de ser zeloso pelas coisas sagradas. Ele não pode tratar com desdém aquilo que lhe foi confiado pelo Senhor. Ao contrário, ao encarar cada elemento que Deus lhe conferiu como um privilégio, o cristão sentirá o desejo natural de fazer o melhor para corresponder à confiança que lhe foi concedida graciosamente. Essa atitude é a esperada por Deus.

O cristão é alguém privilegiado. Ele recebeu de Deus inúmeras coisas com as quais se ocupar e se preocupar. Deus espera uma contrapartida: a dedicação incondicional, o cuidado zeloso por tudo aquilo que lhe foi outorgado de A a Z. E não deve fazer isso por medo ou por interesse, mas motivado pelo mais sublime dos sentimentos: o amor. Reforçando as palavras de Robert Stevenson:

"O zelo é, na realidade, uma consequência do amor".

Por amor a Deus o cristão deve zelar...

• Pela **ADORAÇÃO** que presta ao Senhor. Ela deve estar enraizada na vontade de Deus e não pode ser meramente exterior, mas brotar de um coração desejoso de adorar a Deus pelo que ele é e de acordo com os ditames dele;

- Pela leitura e o estudo da **BÍBLIA**. Deve meditar em seu conteúdo e procurar zelosamente nela a vontade de Deus para a sua vida e os seus negócios;
- Pela **COMUNHÃO** com a igreja, ajudando-a com seus dons, talentos e recursos. Além disso, deve aprender a respeitar a diversidade que existe entre o povo de Deus, promovendo a unidade, a liberdade, a paz e o amor, mas sem jamais transigir com a verdade;
- Pela prática do **DÍZIMO**, pois reconhece nesse gesto de devolver dez porcento de seus ganhos a Deus o fato de que tudo vem dele, inclusive o produto do próprio dízimo;
- Pela **ESPERANÇA**. Ele não pode se desesperar diante das vicissitudes da vida como o mundo que não tem Deus. Ele deve ter plena convicção acerca daquele em quem tem crido e saber que ele é poderoso para agir infinitamente mais além do que pensamos ou esperamos;
- Pelos **FRUTOS** que acompanham a vida cristã, sendo zeloso de boas obras, e não apenas a favor dos seus irmãos na fé, mas também de todos os seres humanos, feitos à imagem e semelhança de Deus;
- Pelo senso de **GRATIDÃO**. Ele deve agradecer a Deus pelas bênçãos recebidas da divina mão;
- Pela **HUMILDADE**, lutando com todas as suas forças contra a soberba, que levou Lúcifer e tantos outros à derrocada espiritual, e, acima de tudo, porque Jesus, mesmo sendo Deus, humilhou-se e tornou-se um de nós, a fim de tomar o nosso lugar na cruz do Calvário;

- Pela **INICIATIVA** de colaborar com Deus no plano que ele tem para a sua vida, colocando sua fé em prática, desenvolvendo sua salvação com temor e tremor;
- Pela prática do **JEJUM,** um exercício de fé que o ajudará a focar mais nas coisas espirituais, reduzindo seu apego às coisas materiais;
- Por sua **LIBERDADE** em Cristo, usando-a não para fazer o que bem entende, mas para realizar o que deve ser feito: a vontade de Deus;
- Pela crença na continuidade de **MILAGRES,** pois para Deus nada é impossível e ele é o mesmo ontem, hoje e para sempre;
- Pelo privilégio de ter nascido de novo e poder andar em **NOVIDADE DE VIDA,** vivendo e pensando como uma nova criatura feita em Cristo Jesus;
- Pela prática de **ORAÇÃO,** que o aproxima mais de Deus; que seja zeloso em ações de graças, louvor e adoração, além de súplicas, petições e intercessões a favor de outros;
- Por uma vida de **PODER,** buscando os dons sobrenaturais de Deus, não para se exaltar, mas para mostrar ao mundo o mover de Deus nesta geração incrédula;
- Para que seu **QUERER** não seja conflitante com o querer de Deus, cuja vontade é sempre boa, agradável e perfeita.
- Para que no culto que ele presta a Deus haja harmonia da **RAZÃO** com a emoção. Uma vida cristã de sucesso é motivada pela emoção e pela razão, desde que tanto uma quanto a outra sejam usadas para cultuar verdadeiramente a Deus;

- Pela **SANTIDADE** de vida, dizendo não ao pecado em todas as suas formas;
- Pelo **TESTEMUNHO** cristão, tendo em vista que carregar o nome de Jesus implica viver como ele viveu, amar como ele amou, pensar como ele pensou e agir como ele agiu;
- Pela **UNÇÃO** de Deus, que complementa e dá sentido e vigor à formação intelectual;
- Pelo compromisso com a **VERDADE** em todas as circunstâncias, venha o que vier;
- Pelo uso correto de uma linguagem que nos identifique como seguidores de Jesus; que falemos a linguagem de Deus e não nos percamos nos **XIBOLETES** da vida;
- Pela própria noção do que é **ZELO,** uma dedicação pessoal, total e incondicional a Deus, o Primeiro e o Último, o Princípio e o Fim, o Alfa e o Ômega, o A e o Z.

Esses são os segredos de uma vida cristã vitoriosa. Que ponhamos em prática esses princípios e aprendamos a desfrutar aqui e agora tudo o que Deus tem a nos oferecer.

Esta obra foi composta por Maquinaria Editorial na família tipográfica ArcherPro, LTC Goudy Ornate, capa em papel cartão 250 g/m², miolo em Chambril Avena 70 g/m², impresso pela gráfica Associação Religiosa Imprensa da Fé em março de 2020.